本书的出版得到了"北京教育科学研究院学术著作出版资助基金项目"的资助。

县域教育现代化评价指标体系研究

朱庆环 著

中国社会科学出版社

图书在版编目（CIP）数据

县域教育现代化评价指标体系研究/朱庆环著.—北京：中国社会科学出版社，2019.6
ISBN 978-7-5203-4073-1

Ⅰ.①县… Ⅱ.①朱… Ⅲ.①县—地方教育—教育评估—研究—中国 Ⅳ.①G527

中国版本图书馆 CIP 数据核字（2019）第 030390 号

出版人	赵剑英
责任编辑	陈肖静
责任校对	冯英爽
责任印制	戴宽

出　版	中国社会科学出版社
社　址	北京鼓楼西大街甲 158 号
邮　编	100720
网　址	http://www.csspw.cn
发行部	010-84083685
门市部	010-84029450
经　销	新华书店及其他书店

印　刷	北京明恒达印务有限公司
装　订	廊坊市广阳区广增装订厂
版　次	2019 年 6 月第 1 版
印　次	2019 年 6 月第 1 次印刷
开　本	710×1000　1/16
印　张	17
插　页	2
字　数	191 千字
定　价	69.00 元

凡购买中国社会科学出版社图书，如有质量问题请与本社营销中心联系调换
电话：010-84083683
版权所有　侵权必究

目 录

摘要 …………………………………………………………（1）
ABSTRACT ……………………………………………………（3）

第一章 导论 ……………………………………………（1）
第一节 研究缘起 ……………………………………（1）
一 选题背景 ……………………………………………（1）
二 研究意义 ……………………………………………（5）
三 核心概念界定 ………………………………………（6）
第二节 文献综述 ……………………………………（8）
一 现代化和教育现代化的理论研究 …………………（8）
二 指标和教育指标的理论研究 ………………………（16）
三 国际主要教育指标体系述评 ………………………（22）
四 我国教育现代化指标述评 …………………………（37）
第二节 研究设计 ……………………………………（45）
一 研究问题 ……………………………………………（45）
二 研究思路 ……………………………………………（46）

  三 研究方法 ………………………………………… (46)
  四 技术路线图 ……………………………………… (50)
  五 本书框架结构 …………………………………… (50)

第二章 教育现代化评价指标体系的理论建构 ……… (52)
 第一节 教育现代化评价指标体系的理论思考 ……… (53)
  一 教育现代化实践中的误区 ……………………… (53)
  二 教育现代化本质和评价的再认识 ……………… (58)
 第二节 教育现代化评价指标体系构建的技术路径 …… (61)
  一 教育现代化评价指标体系的功能定位 ………… (61)
  二 教育现代化评价指标体系的设计原则 ………… (63)
  三 教育现代化评价指标体系的参照系 …………… (70)
  四 教育现代化评价指标体系的评估方法 ………… (75)
 第三节 教育现代化评价指标体系的框架结构 ………… (76)
  一 现有教育现代化评价指标体系框架概览 ……… (77)
  二 现有教育现代化评价指标体系框架的评述 …… (79)
  三 县域教育现代化指标体系的框架设计 ………… (82)

第三章 教育结果评价指标体系研究 ………………… (87)
 第一节 教育结果评价指标框架的设计 ……………… (88)
  一 教育结果的再认识 ……………………………… (88)
  二 教育结果评价指标的框架 ……………………… (92)
 第二节 学生综合素质水平评价指标研究 ……………… (93)
  一 学生综合素质水平框架的设计 ………………… (94)
  二 学生综合素质指标的测量和参照系 ………… (102)

目 录

第三节 教育发展水平评价指标研究 …………………… (108)
  一 教育发展水平框架的设计 …………………… (108)
  二 教育发展水平指标的测量 …………………… (116)
  三 教育发展水平指标的参照系 ………………… (117)

第四节 教育机会均等评价指标研究 …………………… (119)
  一 教育机会均等框架的设计 …………………… (119)
  二 教育机会均等指标的测量和参照系 ………… (122)

第五节 教育满意度指标研究 …………………………… (126)
  一 教育满意度指标概览与评议 ………………… (126)
  二 关于教育满意度指标的思考 ………………… (127)

第四章 教育过程评价指标体系研究 …………………… (132)

第一节 教育过程评价指标框架的设计 ………………… (132)
  一 教育过程评价的必要性 ……………………… (132)
  二 教育过程评价指标的框架 …………………… (133)

第二节 课程与教学指标研究 …………………………… (134)
  一 课程与教学指标框架的设计 ………………… (134)
  二 课程与教学评价指标研究 …………………… (138)
  三 高中阶段选修课指标研究 …………………… (139)
  四 国际优质课程资源指标研究 ………………… (141)
  五 教学方式指标研究 …………………………… (142)

第三节 教育管理指标研究 ……………………………… (145)
  一 教育管理指标框架的设计 …………………… (145)
  二 布局协调指标的设计 ………………………… (149)
  三 普职教育协调发展指标的设计 ……………… (151)

四　班级规模指标的设计 …………………………………… (153)
　　五　教育政策的公众参与指标的设计 …………………… (155)
　　六　教育行政职能转变指标的设计 ……………………… (156)
　　七　学校管理指标的设计 ………………………………… (158)

第五章　教育投入评价指标体系研究 …………………… (161)
第一节　教育投入评价指标框架的设计 ………………… (161)
　　一　教育投入评价的必要性 ……………………………… (161)
　　二　教育投入评价指标的框架 …………………………… (162)
第二节　师资队伍评价指标研究 ………………………… (162)
　　一　师资队伍评价指标框架的设计 ……………………… (163)
　　二　教师数量指标研究 …………………………………… (172)
　　三　教师质量指标研究 …………………………………… (178)
　　四　教师参与培训指标研究 ……………………………… (182)
第三节　教育经费评价指标研究 ………………………… (184)
　　一　教育经费指标的框架设计 …………………………… (184)
　　二　教育经费充足指标研究 ……………………………… (188)
　　三　教育经费支出结构指标研究 ………………………… (193)
第四节　办学条件评价指标研究 ………………………… (197)
　　一　办学条件评价指标框架的设计 ……………………… (198)
　　二　基本办学条件评价指标研究 ………………………… (202)
　　三　教育信息化评价指标研究 …………………………… (203)

第六章　县域教育现代化评价指标体系的确立 ………… (207)
第一节　县域教育现代化评价指标体系的初步设计 …… (207)

目　录

　　一　县域教育现代化评价指标体系的初步设计 ……… (207)

　　二　教育背景在县域教育现代化评价指标

　　　　体系的体现 …………………………………… (211)

第二节　县域教育现代化评价指标体系的科学验证 … (217)

　　一　县域教育现代化评价指标体系的初步确定 ……… (217)

　　二　县域教育现代化评价指标体系权重的确定 ……… (226)

　　三　县域教育现代化指标体系的最终确定 …………… (229)

第三节　研究优势、创新点和不足 ……………………… (231)

　　一　县域教育现代化评价指标体系的优势 …………… (232)

　　二　研究创新点和不足 ………………………………… (234)

参考文献 ………………………………………………… (237)

Catalog …………………………………………………… (245)

后记 ……………………………………………………… (252)

摘　　要

  2010年颁布的《国家中长期教育改革和发展规划纲要（2010—2020年）》提出"基本实现教育现代化"的战略目标，从政策层面对教育现代化指标体系的设计提出了要求。县域教育现代化评价指标体系的构建对于教育现代化研究的深化和教育现代化实践的推进具有重要的理论意义和实践价值。

  本书综合运用德尔菲法、访谈法和内容分析法等多种研究方法对县域教育现代化评价指标体系的框架结构、权重和基本实现的目标值进行了系统研究。研究构建了由3个一级指标，8个二级指标和37个三级指标组成的县域教育现代化评价指标体系。具体来说：

  教育结果评价从学生综合素质水平、教育发展水平和教育机会三个方面加以考察。其中，学生综合素质水平包括学生品德心理素养、学生学业成就水平和学生体育艺术技能等3个三级指标；教育发展水平包括学前教育毛入园率、九年义务教育巩固率、高中阶段教育毛入学率、中职教育对口就业率、新增劳动力平均受教育年限、终身学习网络覆盖率、城市和农村居民社会教育活动年参与率等7个三级指标；教育机会包括随迁子女就读比例、残疾青少年义务教育入学率和家庭经济困难学生资助比例等 3 个三级指标。

教育过程通过课程与教学、教育管理两个方面加以体现。其中，课程与教学包括课程开齐开足水平、普通高中选修课比例、国际优质课程资源和教学方式改进等 4 个三级指标；教育管理包括中小学布局合理程度、高中阶段普职教育协调发展、班额达标率、教育决策的社会参与度、依法行政与简政放权、学校依法治校水平、学校民主管理水平等 7 个三级指标。

教育投入由师资队伍、教育经费和办学条件三个方面组成。师资队伍由生师比、专任教师学历水平、中职教育"双师型"教师比例、接受培训教师比例、到境外进修学习的教师比例等 5 个三级指标组成；教育经费由"三个增长"达成情况、公共财政支出中教育经费所占比例、生均预算内教育事业费、生均预算内公用经费、教师培训经费占教职工工资的比例、教育费附加用于职业教育的比例等 6 个三级指标组成；办学条件由基本办学条件达标学校比例和教育信息化等 2 个三级指标组成。

总的来说，该指标体系借鉴 CIPP 模式，理论框架清晰，指标体系加强了对教育过程指标的设计，同时对学生品德心理素养和教育管理等难测指标的测量提出了初步方案。当然，该指标体系还需要实践的检验和修正，难测指标的目标值只是原则性要求，缺乏全国以及区域常模。

关键词：教育现代化；教育结果；教育过程；教育投入；评价指标体系

ABSTRACT

"The National Medium and Long-term Education Reform and Development Plan (2010—2020)", issued in 2010 proposed the strategic objectives of the basic realization of modernization of education, which is the corresponding requirements for the design of proposed index system of modern education from policy level. Building the evaluation indicator system of education modernization of county level is of great importance to deepen the study of modernization of education and advance the practice of modernization of education.

This paper systematically studied the evaluation system framework of modernization of education of county level, weights and the target of basically realization of modernization of education, using a variety of research methods such as Delphi, interviews and content analysis. The evaluation indicator system of education modernization of county level is consisting of three first-level metrics, eight second level indicators and 37 third level indicators.

Educational product is evaluated by the level of overall quality of students, the level of education development and education opportunities. Among them, the level overall quality of students including three indicators of the qualities of student mental and moral, the level of student academic achievement and students' sport and art skills. The level of educational development is consist of the gross enrollment rate of pre-primary, the consolidation of nine-year compulsory education, the gross enrollment ratio of the secondary school education, the employment rate of vocational education, the average years of schooling of new labor force, the network coverage of lifelong learning, the participation rate of community education activities in urban and rural residents. The education opportunities is consist of the admission proportion of children of migrant workers from rural areas, the compulsory school attendance rate of young people with disabilities and the proportion of funding students from poor families.

Educational process is reflected through curriculum and instruction, and educational administration. Among them, the curriculum and instruction includes courses open level, the proportion of elective courses in high school, international quality curriculum resources and the improvement in teaching methods. Education administration including rational layout of middle and primary schools, the degree of coordinated development of general education and vocational education in high school, the standard rate of classes, the social participation in educational decision-making, the level of administration according law and decentralization, the level of school management according to law and the level of school democratic management.

Educational input is composition of teachers, education funding

ABSTRACT

and school conditions. The indicators of teachers is consist of the student-teacher ratio, the qualifications of full-time teachers, the ratio of double-professionally-titled teachers in secondary vocational education, the proportion of trained teachers, the ratio of teachers study abroad. The indicator of education funding is consist of the completion of "Three growth", the proportion of public expenditure used on education expenditure, the budgetary education expenditure per student, budgetary public funds per student, the proportion of teacher training funds accounted for staff salaries and the proportion of education surtax for vocational education. The indicator of school condition is consisting of the proportion of school with basic standard conditions and educational information.

Overall, the indicator system refers to CIPP model, which make it with clear theoretical framework. The indicator system strengthens the indicators of educational process and proposes preliminary measure plan for indicator which difficult to measure such as students' mental and moral qualities and education administration. Of course, this indicator system still needs to inspect and correct in practice and the target of difficult measure indicators are only principle requirements, which lacks of national and regional norm.

Key Words: EducationalModernization, Educational Product, Educational Process, Educational Input, Evaluation Indicator System

第一章 导论

本章首先阐明问题提出的背景和研究意义，并对研究涉及的核心概念进行界定，在此基础上，分维度对现代化和教育现代化的相关理论研究、国际主要教育发展指标和国内现有的典型教育现代化指标体系进行系统梳理，最后提出本书的研究问题、研究方法和总体框架。

第一节 研究缘起

一 选题背景

在我国，"教育现代化"作为公共政策话语肇始于邓小平提出的"三个面向"。1983年邓小平为北京景山学校题词，提出"教育要面向现代化，面向世界，面向未来"。最早提出教育现代化的政策文件是1993年颁布的《中国教育改革和发展纲要》，其中提出："再经过几十年的努力，建立起比较成熟和完善的社会主义教育体系，实现教育的现代化。"《国家中长期教育改革和发展规划纲要（2010—2020年）》（以下简称《教育规划纲要》）把

2020年我国教育发展的战略目标确定为：基本实现教育现代化，基本形成学习型社会，进入人力资源强国行列。其中，"基本实现教育现代化"是首要战略目标。党的十八大作出到2020年"教育现代化基本实现"的战略部署，把《教育规划纲要》提出的"基本实现教育现代化"战略目标变成了工作任务，有利于加快教育现代化进程。

在实践层面，最早的教育现代化区域实践是原江苏省教委于1993年12月发布《关于在苏南地区组织实施教育现代化工程试点的意见》，在全国率先提出了实施教育现代化工程的目标。1996年，江苏省委、省政府提出"江苏要在全国率先基本实现教育现代化"，由此拉开了区域教育现代化建设的序幕。北京、上海、广东、浙江等发达省份相继开展了区域推进教育现代化的实践。

20世纪80年代至今，我国学术界对教育现代化的研究一直没有中断。《教育规划纲要》的颁布，使得教育现代化研究进一步升温。通过对已有的现代化评价指标体系的梳理发现，现有的教育指标体系存在以下不足：

第一，对教育现代化本质的反映不够充分。从整体上看，现有的指标体系没有充分反映教育现代化的本质；从具体指标上看，有些指标根本不能反映教育现代化的本质，没有体现现代教育的特征，对教育的民主性、科学性、多样性、人道性、理性等关注不够。比如文盲率、在校生性别比等指标虽然能在一定程度上反映教育发展水平，但与现代教育不符；还有一些指标，比如教育满意度，无法反映教育发展水平，更不能反映教育现代化本质，所以不宜纳入教育现代化评价指标体系。

第一章　导论

第二，指标的组成结构不均衡。从分布上来看，教育投入和教育结果指标相对稳定，而教育过程，尤其是教育背景指标相对不成熟；从数量和质量上来看，现有指标体系中数量指标较多，而质量指标相对较少；从内容上来看，物质和思想层面的指标较多，而制度变革类的指标相对较少；从指标的性质来看，反映总量的规模指标较多，结构指标较少，存量的指标较多，流量的指标较少。

第三，指标体系设计的方法不规范。现有大多指标体系都采用归纳综合的方法将已有的指标填充到 CIPP 模式中，根据研究需要进行局部调整，缺乏成熟的理论分析框架；少有的指标体系采用了德尔菲法，但由于德尔菲法本身实施的局限性和专家的主观性，设计的指标体系的科学性值得怀疑。

第四，教育现代化指标体系不实用。其表现主要有：（1）从指标数值的共享性看，教育现代化指标数据信息共享性较差；从指标数据的发布来看，有些指标数据资料较笼统、不够深入，且有的数据资料出现空白，比如学生德育发展情况。另外，有些指标无法通过统计报表显示。（2）从数据的真实性上看，随着相关利益者价值多元化的诱导，以统计报表收集统计信息的虚假性上升，影响教育现代化指标及其指标体系的实际应用效果。（3）从指标体系使用的灵活性上看，指标数据通过政府统计报表收集的多，通过抽样调查等其他调查方法收集的少，而政府统计报表内容的灵活性较差。（4）从指标体系的运行机制上看，指标体系的建立、完善和有效使用的动力与约束机制尚需改进，亟须改革政府统计部分的工作职能。

此外，指标的操作性有待进一步提高。指标都是可以测量的，否则不能列为指标。现有指标体系中的定性指标或质性指标都不是真正意义上的指标，因为这些"指标"不可测量或者测量方式存在一定偏差。

本书主要分析县域层次的教育现代化问题。为什么选择县域作为研究对象？

首先，从政府框架结构上看，我国政府由中央、省、市、县、乡镇五级政府构成，县级政府是我国相对独立的区域经济社会发展单位，相对于中央和省级政府，具有贴近基层、就近管理的优势；相对乡镇政府，又具有较强的行政管理权威和统筹协调能力，在行政管理体系中处于承上启下的关键地位。从历史上看，自秦汉实行"郡县制"以来，县级政府在基层治理中一直发挥着重要作用；从当前看，"省直管县"是未来政府改革的方向。

其次，在教育事务上，县域承担着发展大部分基础教育、相当一部分中等职业教育、有的还发展起地方性或社区性高等教育。目前，我国义务教育实行"在国务院领导下，由地方政府负责、分级管理、以县为主"的体制。县级政府对义务教育发展负有主要责任，不管是宏观层面的中小学布局调整，还是微观层面教育教学工作的指导；不管是硬件方面的校舍建设，还是软件方面的教师编制方案的调整等均由县级政府贯彻执行。可见，县域教育现代化的研究对教育发展，尤其对义务教育的发展至关重要。从指标体系的构建来看，国家层面虽在研发教育现代化指标体系，但对县域教育现代化指标体系的开发不够；地方层面，虽然上海、成都等地出台了县域教育现代化指标体系，但现有指标体系还存在一些问题。

为此，需要建立一套能反映现代教育特征的县域教育现代化

第一章 导论

评价指标体系,从整体上衡量县域教育现代化的发展水平,进而对县域教育现代化水平做横向和纵向比较,考量现实与发展目标之间的差距,为区域教育现代化发展提供决策依据。

二 研究意义

县域教育现代化评价指标体系的研究具有重要的理论意义和实践价值。

(一) 理论意义

当前学术界对于教育现代化问题的研究,大多仅限于对西方现代化理论的介绍以及对教育现代化过程存在问题的简单描述,只看到了表面呈现出来的问题,却没有触及问题背后的深层原因。教育现代化指标体系研究,不仅可以深化教育现代化理论研究,强化研究的自我反省意识,而且可以促进教育现代化研究范式向操作化转换,具有重要的学术意义。此外,目前我国对教育现代化指标体系的研究还很不完善,本书旨在弥补同类研究之欠缺。

(二) 实践意义

第一,有利于指导县域教育现代化实践。在宏观层面上,描述中国县域教育现代化的进程,衡量和比较同一时期不同区县和同一区县不同时期的教育现代化程度,对教育现代化未来的发展方向和趋势做出预测。在微观层面上,县域教育现代化评价指标体系的建立有利于教育内容和教学方法的现代化水平的测定和评估,对教育现代化实践起定向、激励作用,减少盲目性和无效性,提高教育活动的效率与质量。

第二,有利于深化教育领域综合改革,促进县域教育行政部门宏观统筹。十八届三中全会提出"全面深化教育领域综合改革"的任务，教育现代化评价指标体系对落实人才培养模式改革提高教育质量，以资源优化配置促进公平均衡，以教育管理体制改革为重点构建政府、学校、社会新型关系的目标具有重要的实践意义。同时，对县域教育现代化评价指标体系的研究，有助于统筹落实推进各级各类教育协调发展职责，统筹落实城乡教育协调发展职责，统筹编制办学条件、教师编制等基本标准，统筹确定合理教育支出结构，促进义务教育均衡发展。

第三，有利于教育治理体系和治理能力的现代化。在从管理向治理转变，推进国家治理体系和治理能力现代化的背景下，实现教育治理体系和治理能力的现代化成为一个紧迫而现实的任务。县域教育现代化评价指标体系的研究对于推进基本公共教育服务均等化、促进县域层面各级各类教育协调发展、改进教育管理方式、加快建设现代学校制度和动员社会参与、支持、监督教育具有重要的指导意义。

三 核心概念界定

本书涉及的核心概念有教育现代化、教育指标体系和县域教育。

（一）教育现代化

在本书中，教育现代化是指与教育形态的变迁相伴的教育现代性不断增长和实现的过程。[①] 之所以采用这种观点，是基于以下几个考虑：第一，本定义揭示了教育现代化的本质，即教育现代性的增长。第二，这一概念不仅适用于发展中国家，也适用于

---

① 褚宏启：《教育现代化的本质与评价——我们需要什么样的教育现代化？》，《教育研究》2013年第11期。

发达国家，是一个广泛适用性的分析工具。第三，该界定将教育形态和教育现代性结合起来，既考虑了教育的本质，又考虑了现代化的本质，具有较强的学理性。第四，由于教育现代化是一个动态、历史的过程，在不同的发展阶段，内容和目标追求也将有所不同，这也是界定中"不断"的含义。需要指出的是，随着理论的发展和对现代化过程认识的深入，教育现代化的内涵将不断丰富并可能发生变化。

（二）指标体系

"指标"是指在原始统计数据基础上通过分析和整理得到的、能综合反映统计总体数量特征的概念和数值。一个完整的指标由指标名称和指标数值两部分构成，它体现了事物质和量两个方面的规定性。这一定义强调了指标不仅包括数量和数字，还包括质量和非数字的评价。[①]

由于现实问题具有复杂性和多变性，仅用一两个指标很多时候并不能完全反映出评价对象的所有情况，也不能满足研究的需要。为了更加全面、综合地反映复杂事物的不同侧面，就需要把多个具有内在联系的指标按照一定的结构和层次组合在一起，构成指标体系。因此，评价指标体系是由不同级别的评价指标按照评价对象自身的逻辑结构科学地加以分类和组合而形成的用以衡量评价对象的发展水平或状态的若干指标的组合。评价指标体系主要有评价指标、权重和标准构成。

（三）县域教育

县域教育，是以县级行政区划为地理区间，以县级政府为调

---

① 郑杭生、李强、李路路：《社会指标理论研究》，中国人民大学出版社1989年版，第27页。

控主体，具有地域特色和功能完备的区域教育。具体来说，县域教育包括基础教育、中职教育和部分继续教育。

第二节　文献综述

一　现代化和教育现代化的理论研究

改革开放 40 年来，现代化研究成为我国社会科学研究的一个重要方面，教育理论界对教育现代化的研究和教育实践领域对教育现代化的追求也成为教育界的一大景观。然而细察之下便可发现，人们对"现代化"和"教育现代化"并无统一的理解。

（一）现代化

对于现代化的界定，众说纷纭，莫衷一是。学者们从社会学、政治学、经济学、社会心理学等不同视角对现代化进行了界定。

以帕森斯、穆尔、列维和勒纳等为代表的发展社会学家认为，现代化是一个从传统农业社会向现代工业社会的转变过程，而现代社会与传统社会的根本区别是社会结构的分层化与整合化、社会功能的专门化和多样化、社会阶层的流动化与平权化、社会运行机制的市场化与法制化以及社会生活的世俗化、政府统治的契约化等。

以亨廷顿、伊斯顿、阿尔蒙德等为代表的政治学者认为，政治现代化是社会现代化的核心，现代化最显著的特征是国家政治制度的现代化，主张政治民主化、自由化、分权化与秩序化，强调政府权威的理性化与政府行为的法治化。

第一章 导论

以罗斯托、弗兰克、库兹涅茨、格尔申克隆等为代表的发展经济学家从经济层面对现代化进行了历史考察,认为现代化的主体是经济现代化,其中工业化与城市化是经济现代化的核心内容,而保证经济持续增长是实现社会现代化的关键。

以英克尔斯等为代表的社会心理学家从人的价值观、心理素质、行为特征的转变与培育来解释现代化。认为现代化的核心是人的现代化,人的现代化是实现由传统社会向现代社会转变的根本保证,是实现社会稳定、持续与健康发展的根本前提。这一方向强调个人的参与意识、开放意识、进取意识、竞争意识、创新意识的形成与培养,重视现代人的形成,积极促成人的性格结构由传统向现代的转变。

通过以上界定可以发现,社会学家以社会进化论为指导,从社会结构与功能的转换和变迁来解释现代化;经济学家侧重经济成长阶段特征、模式与动力机制的研究,注重经济增长对社会现代化的作用;政治学者则从政治体制与民主制度的演变与变迁的视角指出社会现代化是一个同质化、革命化、进步化的历史过程;社会心理学家从人的价值观、心理素质、行为特征的转变与培育来解释现代化。虽然基于不同的学科视角,对现代化的理解稍有不同,但都将现代化看作社会形态转变为"现代社会"的过程与结果,认为现代化是一个综合性的社会变迁过程。

我国的现代化研究在很大程度上受西方学者的影响,当然也具有中国的特色。大致说来,我国学术界的流行观点主要有以下几种:

我国的现代化理论研究学者罗荣渠教授在《现代化新论》中对现代化进行了广义和狭义的界定。他认为,广义而言,现代化作为一个世界性的历史过程，是指人类社会自工业革命以来所经历的一场急剧变革，这一变革以工业革命为推动力，导致传统的农业社会向现代工业社会全球性大转变的过程，以及由此引起的经济、政治、文化、思想各个领域深刻变化的过程；狭义而言，现代化是第三世界落后国家赶超西方发达国家的过程，即第三世界后发国家在现代国际经济体系影响下，充分利用后发优势，采取适合于自己的高效率途径，通过有计划的经济技术改造和学习外国先进国家，带动广泛的社会改革，加速实现向现代工业社会的转变，从而迅速缩小同发达国家的差距和适应环境的发展过程。[①]

社会学家郑杭生认为，现代化与社会转型是同义语，意指社会从传统向现代的转变过程。这个过程就是"从农业的、乡村的、封闭的、半封闭的传统型社会向工业的、城镇的、开放的现代型社会的转型"[②]。这是一种"农业—工业"两分范式现代化理论。《中国大百科全书》也持同样的观点，认为"传统社会和现代社会是具有相互排斥特征的社会，由传统向现代演进的过程就是现代化"[③]。

罗归国认为，现代化的关键是人的现代化。"现代化是世界性的以工业文明代替农耕文明的过程，是从传统的自然经济为基础的社会形态向以商品经济为基础的社会形态的转变，它包含着社会物质文明、制度文明和精神文明的现代转型，标志着人的物

[①] 罗荣渠：《现代化新论：中国的现代化之路》，华东师范大学出版社2013年版，第12—13页。

[②] 郑杭生、李强、李路路：《当代中国社会结构和社会关系研究》，首都师范大学出版社1997年版，第19页。

[③] 《中国大百科全书》总编辑委员会：《中国大百科全书（社会学）》，中国大百科全书出版社1991年版，第50页。

第一章 导论

质生活、社会生活、精神生活所达到的现代水平。从这个意义上说，社会主义现代化建设，归根到底是社会主义现代化人的建设，人的现代化是社会主义现代化的终极目的。"①

周毅认为，现代化既是人类社会的发展过程，也是发展目标。作为过程，现代化是指人类从传统社会向现代社会的转变；作为目标是指在某一历史时期人类向理想社会迈进所能达到的最佳状态，或在某一历史时期人类进步所能达到的先进模式。概括起来说，"现代化可以看作是经济领域工业化、政治领域民主化、社会领域世俗化以及观念领域理性化的互动过程。这种转变的动力从根本上来说是产生于人类在科学革命的推动下所获得的空前增长的知识，从而不断增强对环境的控制能力"。②

何传启认为，现代化有不同的发展阶段，当前世界正处于第二次现代化阶段。他指出："从农业时代向工业时代、农业经济向工业经济、农业社会向工业社会、农业文明向工业文明的转变过程是第一次现代化，从工业时代向知识时代、工业经济向知识经济、工业社会向知识社会、工业文明向知识文明的转变过程是第二次现代化。"③ 这样，何传启把农业文明—工业文明—知识文明的三分范式作为划分现代化阶段的坐标，突出地指出了在第二次现代化阶段中，知识创新将起到决定性的作用。④

本书持广义的现代化概念，认为现代化是指文艺复兴以来特

---

① 罗归国：《社会主义现代化和人的现代化》，《理论学刊》1999 年第 5 期。
② 周毅：《西方现代化理论与中国现代化之路》，《改革与理论》2003 年第 1 期。
③ 何传启：《第二次现代化——人类文明进程启示录》，高等教育出版社 1992 年版，第 20 页。
④ 王浩斌、王飞南：《现代化理论与理论的现代化——对现代化理论历史演进的理性思考》，《吉首大学学报》（社会科学版）2004 年第 3 期。

别是工业革命以来人类社会所发生的整体性的、走向现代社会的变迁过程。从时间上看,这个变迁过程有起点而没有终点,现代化进程不会终结于一个具体的历史时段如后工业社会、信息化时代或者知识经济时代,所谓"二次现代化""后现代化"等不过是现代化整体进程的一个阶段。从空间上看,现代化席卷全球,任何一个国家在现代化浪潮中都无法置身事外,现代化的先行国家也面临继续现代化的问题。从内容上看,现代化涉及经济、政治、文化、教育等诸多层面的发展与变革,是一个诸多因素交互作用的、极其复杂的社会运动。从发展模式来看,现代化根本没有固定的、单一的、线性的发展模式,不仅发达国家与发展中国家不同、西方与东方不同,西方诸国也不同,现代化模式具有多样性和差异性,那种单一模式论、西化论的观点是片面的。[①]

(二) 教育现代化

目前学术界对教育现代化是什么,并没有一个统一的看法,更无公认的定义。就我们所知的关于教育现代化的种种界定,大致可归纳为以下几类:

其一,从内容角度加以界定。杨东平将教育现代化概括为物质、制度和观念层面现代化。就物质层面而言,主要是指校舍设施、装备仪器、图书资料、教学媒体和手段等的现代化;就制度层面而言,主要是指教育体制、法律、制度、规范体系等的现代化;就观念层面而言,主要是指教育价值、教育思想、教育观念的现代化[②]。有研究认为,除物质、制度、观念三层面,还应该

---

① 褚宏启:《教育现代化的路径——现代教育导论》(第2版),教育科学出版社2013年版,第30页。

② 杨东平:《教育现代化:一种价值选择》,《中国教育学刊》1994年第2期。

包括知识层面的现代化，如课程体系、教材、教法、学法等的现代化。曹青阳则认为，教育现代化是指教育思想、教育发展水平、教育体系、办学条件、师资队伍、教育管理的现代化。① 以上学者虽对教育现代化的内容的包括的范围没有形成统一的看法，但均从内容角度对教育现代化进行了界定。

其二，从特征角度加以界定。顾明远认为，教育现代化是以现代信息社会为基础，以先进教育观念为指导，运用先进信息技术的教育变革的过程，是传统教育向现代教育转变的过程。② 传统教育是传授知识的教育，现代教育则是要在传授知识的基础上，培养人的能力，提高人的素质。该定义着重强调了教育现代化是一个动态转化的过程，指明了教育现代化是一个过程而非状态，是传统到现代的转化而非西化，目标是指向现代化教育而非教育现代性的增长。这是其贡献之处。不足之处在于：第一，该定义强调以"先进教育观念"为指导，什么是先进教育观念，是否有与之对应的落后教育观念？第二，强调信息技术对教育变革的过程，但信息技术只是教育变革的一个要素，不是必要条件。例如，从农业社会到工业社会的第一次现代化并不是信息技术发展引起的，而是科学技术，是工业革命。第三，对"教育现代化"的概念界定出现"现代教育"，有循环定义之嫌。

其三，从功能角度加以界定。从功能角度来讲，主要强调教育现代化对国家现代化和社会现代化的作用。肖超然认为，教育现代化就是能充分适应现代化事业的发展，能为国家现代化的建

---

① 曹青阳：《稳步迈向教育现代化》，《教育研究》1995 年第 3 期。
② 顾明远：《试论教育现代化的基本特征》，《教育研究》2012 年第 9 期。

设提供优质服务的教育。① 杨国赐认为，教育现代化是配合国家、社会的需要，产生许多革新的措施，使教育事业在国家建设中，发挥积极的触媒作用。② 周德藩认为，教育现代化是经济、社会现代化的重要组成部分，是经济、社会现代化的强大支撑力量，是推进社会全面进步，建设社会主义精神文明的奠基工程。③

其四，从历史发展角度加以界定。冯增俊教授从西方现代化理论入手，对教育现代化的不同类型加以考察，分别阐述了世界教育现代化、国家教育现代化、早发内生型教育现代化和后发外生型现代化等四种教育现代化，并指出世界教育现代化是大工业革命以来现代教育的世界性宏观历史发展，集中反映了教育现代化的最一般特征及发展规律，其他三种则是这种宏观发展中的特定阶段或相应形式，它们必须遵从世界教育现代化的一般规律。具体来说，根据现代化理论从广义和狭义两个视角对教育现代化的概念做了界定。从广义上讲，教育现代化是从适应小农的封建的旧教育转向适应大工业民主社会的现代教育的历史进程，是大工业运动和科技革命的产物，是一切有关进行现代教育的改革和发展的总称。从狭义上讲，教育现代化主要是指二战后独立的落后国家如何学习发达国家，推动本国教育现代化，从而赶上发达国家现代化的运动，即后发达外生型国家在赶超早发内生型国家，实现本国现代的过程，同时达到先进国家教育发展水平的问题。④ 可见，

---

① 肖超然：《五四马克思主义与教育现代化》，《教育研究》1989年第5期。
② 杨国赐：《现代化与教育改革》，台湾师大书苑有限公司1991年版，第1页。
③ 周德藩：《跨世纪的战略选择——关于我省教育现代化工程的若干思考》，《江苏教育研究》1995年第4期。
④ 冯增俊：《试论我国教育现代化的基本任务和主要特征》，《中国教育学刊》1995年第4期。

第一章 导论

冯增俊教授认为，对教育现代化的解释，对整个世界的教育现代化来说，是伴随着社会现代化而演进的过程；就第三世界来说，则是一个"模仿"的过程。广义界定是指教育的宏观历史性发展来说，而狭义界定是从比较意义上解决世界教育发展不平衡上而言。谈松华教授从时间维度和价值维度两方面来理解教育现代化：从时间尺度讲，教育现代化是指从与传统的封闭的农业社会相适应的教育向现代的开放的工业社会以及信息社会相适应的教育转化的过程；从价值尺度讲，教育现代化是指传统教育向现代教育转变的过程中通过分化和整合所获得的新的时代精神和特征。总起来说，教育现代化是一个国家教育适应现代社会发展要求所达到的一种较高水平状态，是传统教育在现代社会的现实转化，是包括教育生产力、教育制度体系、教育思想观念在内的教育形态的整体转换运动，也可以说是包括教育思想观念、教育制度、教育内容、教育方法等要素在内的教育系统全面进步的过程，教育现代化的实质和核心是人的素质现代化。[1]

其五，从形态变迁角度加以界定。褚宏启教授认为，教育现代化是指与教育形态变迁相伴的教育现代性不断增长的历史过程。教育形态的变迁是指教育各个层面的变化、演进过程，主要指教育结构分化和教育功能增生、改变的过程。[2]

这里值得说明的是，以上某些界定混淆了概念、内容与特征的关系，把对教育现代化的内容、方式、特征的描述作为教育现代化的概念，是不科学的。同时，上述界定或多或少地存在着不足，或仅就某些方面对教育现代化加以描述，或笼而统之，把一

---

[1] 谈松华：《中国教育现代化的区域发展》，广东教育出版社2003年版，第72页。
[2] 褚宏启：《关于教育现代化的几个问题》，《教育科学》1997年第3期。

切有关教育的变革都纳入教育现代化的领域，缺乏对本质内容的揭示。如前所述，本书将教育现代化界定为与教育形态的变迁相伴的教育现代性不断增长和实现的过程。①

二　指标和教育指标的理论研究

自 20 世纪 60 年代起，世界各国就开始利用社会指标对社会发展趋势和各种社会问题进行评价和监测。我国自改革开放以来，政府部门和研究单位也相继成立了社会发展机构，并在社会指标体系的理论研究和应用方面取得了很大的成就，教育指标也随之得到发展。指标作为调控、监测和管理的科学量化手段，将越来越广泛地被各级决策部门所应用。

（一）指标

在我国，社会指标常与社会统计指标并用，但严格来讲，社会指标与社会统计指标是有区别的。② 社会统计指标是指在社会发展过程中反映一定社会现象特征的范畴和数值，是对社会发展状况的既成事实及其数量表现的统计指标。而社会指标包括反映客观实际的社会统计指标外，还包括社会发展计划（规划和目标）指标，反映社会成员主观感受的主观指标等。③

指标的种类很多，根据不同的标准有不同的分类，如按其所反映内容的不同，可分为数量指标和质量指标；按其作用和表现形式的不同，可分为存量指标和流量指标；按其性质的不同，可

---

① 褚宏启：《教育现代化的本质与评价——我们需要什么样的教育现代化？》，《教育研究》2013 年第 11 期。
② 朱庆芳、吴寒光：《社会指标体系》，中国社会科学出版社 2001 年版，第 17 页。
③ 楼世洲：《区域教育可持续发展指标体系研究》，教育科学出版社 2012 年版，第 37 页。

分为客观指标和主观指标。尽管划分指标种类的角度不同，但不同种类指标之间经常出现交叉重叠的现象，如有些数量指标，可能同时也是存量指标或客观指标。对指标进行分类，不仅可以指导我们从不同的角度考察同一项指标的内涵，以便加深对某一项指标性质特征的认识，还可以帮助我们从各类指标中恰当地选择某些类型的指标去合理地构建指标体系。[①] 安德森（Anderson）认为选择"好指标"的标准包括：（1）指标应来自现成的资料或是可以低成本搜集和计算；（2）指标应易于了解，一些以复杂数学函数表示的指标是较不实际也不易了解的；（3）指标必须是代表可测量的事物，应有共通的"操作性定义"；（4）指标所测量的应是重要的与有意义的事物；（5）指标在测量提出时与真实事物本身的时间差距应力求最小，才能显现出真实的状况；（6）指标应该能提供进行国家、区域或群体之间比较所需要的资讯；（7）虽然有环境与社会背景的差异，但指标应具有进行国际比较的功能。

（二）教育指标

教育指标的研究源于20世纪20年代中后期，与经济指标和社会指标的研究密切相关。美国芝加哥大学的奥格本（William F. Ogbrun）教授和他的同事在致力于社会变迁理论研究的同时，也开始了改进社会变迁测度方法的研究。1933年，由奥格本主编的第一本社会指标专门报告《美国最近社会趋势》正式出版，报告对于指标的概念、功能、理论框架等进行了探讨，其中还涉及了教育发展方面的内容，如学校教育、宗教教育、家长教育，以

[①] 楼世洲：《区域教育可持续发展指标体系研究》，教育科学出版社2012年版，第37—38页。

及童工、依赖性儿童、不良少年、儿童研究等。教育的社会指标可以说是教育指标的雏形,只是社会指标体系中的一个重要组成部分,还没有从社会指标中分离出来。20世纪60年代,由于经济指标的建立与应用(如国民生产总值、国民收入、失业率等),再次掀起了学者对于社会指标的兴趣,许多研究领域(科学、环境、教育等)开始自主发展适合的指标,教育也是其中的重要内容,如"健康、教育、福利指标"(HEW Indicators)。1966年,美国学者詹姆斯·S.科尔曼(James S. Coleman)发表了著名的《科尔曼报告》,无论发达国家还是发展中国家都纷纷开始评价各国教育系统的作用、效益等,从此开创了一个收集数据、分析教育系统运行机制的新时代。20世纪70年代,世界各国对于教育质量越来越重视,如何定义、测量、评估进而提升教育质量,成为世界各国教育的主题。美国、加拿大、日本等国纷纷进行教育改革,同时,经济合作与发展组织(OECD)、联合国教科文组织(UNESCO)等国际性组织也积极从事教育指标的开发、设计工作,期望能够建立一种提升教育质量的机制。1975年,高莱第(Mary Golladay)主编的《教育状况》(*The Condition of Education*)一书出版,这是一本有关教育指标的应用书籍,该书包括了六大主题,即与研究教育有关的事项、基础教育与初中教育、高中高职教育、教职人员、高等教育的经费,以及青年教育与劳动力参与。1987年,美国教育部邀请各国共同加入经济合作与发展组织进行"国际教育指标"研究。自此,教育指标测量工作开始逐渐蓬勃发展。[①]

[①] 安晓敏:《义务教育公平指标体系研究——基于县域内义务教育校际差距的实证分析》,教育科学出版社2012年版,第49—50页。

第一章　导论

任何指标都具有测量的功能，它规定了事物质和量的界限，使之可以测量或比较。"教育指标是经由收集整理各种教育相关信息，为教育系统提供可解释的资料，以作为教育政策说明与决策参考之用。"[①] 教育指标或者教育系统的统计指标可以用来定义、描述、分析、合法化和监测教育系统自身，是分析教育问题和形成教育决策的有用工具。艾里奥特（Elliott）认为，一套有效的教育指标体系能够反映重要的教育制度内涵，一套值得信赖的教育指标体系可以帮助我们了解与改善教育系统，因此在构建教育指标时，研究人员应遵循这样一些标准：（1）有效的教育指标体系所测量的应是具有持续性的教育建构，也就是说所测量的应是我们认为重要的教育内容，而非集中在那些已经能够测量的部分；（2）高效度与高信度的教育指标体系将可以改善社会大众对教育的了解；（3）有效的教育指标体系应同时检视教育的背景、过程与结果；（4）有效的教育指标体系应能帮助我们认清教育历程的因果关系。

由于每一个指标都是站在特定立场上或是为了服务于某一种目的而被开发和研制的，根据研究取向或研究目的的不同，教育指标可以分为很多类型，如教育统计指标、教育发展指标、教育公平指标和教育现代化指标等。教育现代化指标是指能反映不同教育形态的教育现代性不断增长的指标，它侧重于反映伴随教育形态不断增长的教育现代性，以便为政府和行政部门进行教育决策提供信息参考。根据不同的分类标准，教育现代化指标有不同的分类。从行政层次来说，教育现代化可以分为国家教育现代化

---

① 简茂发、李琪明：《当代教育指标》，学富文化事业有限公司2001年版，第2页。

指标、省域教育现代化指标、县域教育现代化指标；从教育层级来说，教育现代化指标可以分为义务教育现代化指标、高中教育阶段现代化指标、高等教育阶段现代化指标；从教育类别来说，教育现代化指标可以分为基础教育现代化指标、职业教育现代化指标、高等教育现代化指标和继续教育现代化指标；从教育要素来说，教育现代化指标可以分为教育观念现代化指标、教育内容现代化指标、教育方法现代化指标、教育管理现代化、教师队伍现代化指标、办学条件现代化指标；从教育特色来说，教育现代化指标可以分为教育信息化指标、教育国际化指标。因此，为了监测教育现代化的进程，确认教育现代化进程存在的问题，探寻教育现代化问题的原因、指出未来发展的方向，必须建立系统的教育现代化指标体系。可以说，没有教育现代化指标体系，就不能科学、准确地评价教育现代化的现状和发展，无法进行有效的教育改革。

（三）教育发展指标存在的问题

我国教育发展指标体系的研究起步较晚，始于20世纪80年代，主要内容分为四类：综合教育程度、国民接受学习教育的状况、学校办学条件、教育科学研究。这些指标主要侧重于教育现状的描述，而且仅限于一些统计指标的汇总，缺乏成熟的教育发展指标分析理论做支撑。对教育发展指标体系的理论研究整体上仍处于起步阶段。理论上的工作仍停留在翻译、译介和比较国际教育指标体系的水平上，而应用于教育政策分析和教育研究方面更待扩展和深入。具体来说，存在着以下三方面的问题。

第一，理论研究上仍然局限在零星的翻译、评述国外教育指标报告，以及比较国别教育指标体系上，而对如何形成教育指标的一些基本理论问题缺乏研究，甚至基本概念也不清晰。比如，围绕教育指标有哪些基本理论问题？指标用的什么性质的认识方法？这种方法是否适合教育系统？其意义和边界如何？当前国际上对教育指标进行理论研究的最新进展如何？所提供的教育指标信息的特色是什么？这些基本问题都亟须研究并加以回答。[①]

第二，指标项目未能借鉴和采纳联合国教科文组织制定的《国际教育标准分类法》，无法进行国际比较。比如，OECD关于学历层次的划分为学前和初等教育、初级中等教育、高级中等教育、后中等非第三级教育、第三级B类教育、第三级A类教育共六级，而我国的统计一般划分为扫盲班、小学、初中、高中、大专以上五个层次。显然，许多层次无法进行准确的比较。在教育国际化趋势日益增强的今天，教育分类与评价标准的接轨和一致显得尤为重要。

第三，缺乏对教育指标研究方法的探索。在教育系统内，各种各样的指标不计其数。但是由于没有完善的方法，简单、随意设计教育指标的情形不乏存在，所形成的指标的有效性、科学性很值得怀疑，有的甚至毫无用处。[②] 从研究方法来说，有关测量或统计的指标理论为我们提供了足够的方法，但这并不意味着我们无须专门研究教育指标的理论问题了。应该承认，教育指标不可避免地会涉及统计或测量方法，例如，一个指标首先必须考虑效度和信度问题，构建指标时需要考虑变量选择、权重设计和组

[①] 楼世洲：《区域教育可持续发展指标体系研究》，教育科学出版社2012年版，第47页。

[②] 同上书，第50页。

合规则，应用到因子分析、聚类分析等，这些都是统计的基本技术。但是，任何指标的设计都不是统计技术完全能解决的，教育指标最复杂的问题不是有效数据的计算，而是概念的分类。与经济、环境领域的指标相比，教育指标进展缓慢的原因并不是源于统计技术不成熟，而恰恰在于如何对教育系统及教育活动进行量化认识不够。因此，要开展教育指标的研究，完全寄希望于统计技术是不够的。

我国的教育发展指标只是按照一定类别进行的数据统计，还不是在一定理论基础上的系统一致的指标体系，没有形成像OECD 的 CIPP 分析模式的分析框架，这使得我国的教育指标更多地停留在现状的描述上，很难进行更深入的分析和理解。[①]

三 国际主要教育指标体系述评

要构建教育现代化指标体系，为什么要分析国际上的教育发展指标呢？一方面，现代化问题本质上是发展问题。基于教育发展现实基础上建立的教育现代化指标体系，是在社会经济变革趋势迅猛情况下，评价我国教育发展阶段性的成果，全面、系统反映教育发展状况，预测我国教育未来发展的重要工具。我国教育现代化的发展也不是一种孤立、封闭的发展，离不开国际教育的大环境，因此，我国教育现代化的研究，也应广泛吸收国际上教育先进国家的经验，反映国际教育现代化的特点和教育发展的共同趋势。另一方面，国际组织和国际权威教育机构定期发布的教育指标体系反映了世界教育发展的规模、水平、比例和速度，揭

---

① 王唯：《OECD 教育指标体系对我国教育指标体系的启示——OECD 教育指标在北京地区实测研究》，《中国教育学刊》2003 年第 1 期。

示了教育发展的规律。虽然在名称上不叫教育现代化指标，但与教育现代化在基本维度上是一致的。因此，对国际权威教育发展指标体系进行系统梳理，对教育现代化指标体系的设计具有重要的借鉴意义。

目前，较有影响的权威性国际组织的教育指标主要有：经济合作与发展组织（OECD）的教育指标体系、联合国教科文组织（UNESCO）的世界教育指标体系、世界银行（World Bank）《世界发展报告》的教育指标等。

（一）国际主要教育指标体系

1. OECD 的教育指标体系

《教育概览》是 OECD 从 1991 年起推出的教育类核心出版物。最初每两年出版一辑，从 1995 年起，每年出版一辑。该书涵盖了学习成果质量、政策杠杆、影响这些成果的环境因素以及教育投入所带来的更广意义上的个人收益与社会收益等，是目前国际上对教育从教育投入到产出进行最为系统和深入描述与评价的出版物，围绕教育体系、教育机构、教学与学习环境以及学习者四个层次的核心问题，提供了大量丰富、具体的信息。OECD 还根据世界各国教育发展的动态与教育研究领域的进展，每年及时变更调整分析指标，反映了世界各国教育改革的模式以及教育发展的总体趋势，对于教育政策制定、教育管理和教育教学改进，具有重要参考价值。

OECD 关于教育发展的 CIPP 指标体系，其理论分析框架是以经济学的输入—输出模型为基础，形成了背景（Context）—输入（Input）—过程（Process）—输出（Product）的分析模式，简称 CIPP 模式。也就是说，OECD 教育发展指标体系是从教育背景、教育投入、教育过程、教育产出四个维度展开统计和描述的，并且在每个维度上，既重视数量的统计又重视质量的统计，在教育产出上尤其重视质量指标。① OECD 教育指标体系有一个既定的价值衡量和分析标准，即通过定量描述教育发展的水平及教育各方面的职能，帮助政府确定教育发展的合理性和教育管理的有效性，并且通过国际比较，确定教育发展的定位，从而为教育决策提供科学依据。②

2. 世界银行的教育指标体系

世界银行从 1978 年以来每年发表《世界发展指标》，是以国家及其分类为基础的经济、社会、环境、商业、技术指标的年度汇编，是以一国的经济与社会发展为依据形成的综合性指标体系，并据此提出世界发展趋势和建议。2013 年的指标体系由教育投入、受教育机会、教育效率、毕业率及教育成果、收入和性别引起的教育差距五部分组成（见表 1-1）。③ 该指标体系通过教育需求和供给的均衡程度反映一个国家或地区发展水平和教育现代化程度，具有较强直观性，易为社会公众所理解和接受，服务对象明确，是为政府机构提供所需的基本信息，指标数据采集的渠道有较可靠的保证。但同时它的结构比较松散，缺乏严密的内在逻辑统一性。④

---

① 张国强：《OECD 教育发展指标体系分析及启示——以〈教育概览：OECD 指标 (2003)〉为例》，《外国教育研究》2006 年第 11 期。
② 王唯：《OECD 教育指标体系对我国教育指标体系的启示——OECD 教育指标在北京地区实测研究》，《中国教育学刊》2003 年第 1 期。
③ 世界银行：《2013 年世界发展指标》，中国财政经济出版社 2013 年版，第 48 页。
④ 楼世洲：《区域教育可持续发展指标体系研究》，教育科学出版社 2012 年版，第 108 页。

第一章 导论

表 1-1 世界银行《2013 年世界发展指标》中的教育指标体系

维度	指标
教育投入	小学生均公共教育经费占人均 GDP 的比例
	中学生均公共教育经费占人均 GDP 的比例
	大学生均公共教育经费占人均 GDP 的比例
	公共教育支出占 GDP 的百分比
	公共教育支出占政府财政支出的百分比
	具备教学资格的小学教师
	小学师生比率
受教育机会	学前教育毛入学率
	小学毛入学率
	中学毛入学率
	大学毛入学率
	小学净入学率
	中学净入学率
	小学男生失学率
	小学女生失学率
教育效率	小学一年级女生毛入学率
	小学一年级男生毛入学率
	五年级男生保留率
	五年级女生保留率
	初等教育男生复读率
	初等教育女生复读率
	初等教育男生升学率
	初等教育女生升学率
毕业率及教育成果	小学毕业率
	小学男生毕业率
	小学女生毕业率
	青年男性识字率（15—24 岁）
	青年女性识字率（15—24 岁）
	成人男性识字率（15 岁及以上）

续表

维度	指标
	成人女性识字率（15 岁及以上）
收入人口和性别引起的教育差距	最贫困的 1/5 与最富裕的 1/5 人口的教育调查数据

3. UNESCO 的教育指标体系

UNESCO 出版的《世界教育报告》的指标以教育与政治、经济、社会、文化、人口的关系为前提，强调在教育资源供给与需求的均衡过程中，质量与公平是教育走向现代化的重要性。UNESCO 确定了 5 个部分 22 个指标的教育指标评价体系。这个指标体系分教育资源、教育需求、入学和参与、教育内部绩效、教育产出五个部分（见表 1-2）。

表 1-2　　　　　UNESCO 确定的世界教育指标体系

类别	具体指标
教育资源	经费：公共教育支出占 GDP 的比例、公共教育支出占政府公共总支出的比例、各级教育公共日常开展分配的百分比、生均公共日常经费支出人力资源指标：生师比、女教师所占比例
教育需求	成人文盲数、教育成就
入学和参与	毛入学率、净入学率、升学率、预期受教育年限、中等教育毛入学率、净入学率、分年龄的入学率
教育内部绩效	留级生所占的百分比、留级率、各年级的保留率、效率系数（每年教育经费培养的学生数）、每位毕业生的年均投入
教育产出	识字率（15 岁以上人口会读写的比率）、教育成就（25 岁以上人口受教育程度，既是教育需求指标，又是教育产出指标）

该指标体系是根据各国官方填报的联合国教科文组织问卷调查表、专项调查、各国官方报告及国际机构所获的资料等来客观呈现出的一系列统计数据，它能大致地反映出每年各州、各国、各级教育的发展状况，是进行横向国际比较和纵向了解教育的发

第一章 导论

展趋势的丰富参考资源，有利于国家政府从宏观角度来制定政策法规和调整教育发展布局。同时，该指标体系具有明显的内在逻辑上的统一性，结构严谨，直观性也很强，而且信息丰富，资料易得，且计算不太复杂，符合国际指标通用性与可行性原则。[①] 但遗憾的是，由于指标量少，无法全面地、完整地、系统地描述教育整个发展变化过程。另外，由于它是一种世界性的大规模数据统计，无法从微观角度对各国教育进行深入的分析和概括，同时它没有提供一定的衡量标准，需要各国依据自身情况来制定相应的评价指标体系来对教育质量进行对比和评估。[②]

4. 联合国"千年发展目标"中的教育指标体系

2000年9月，联合国千年首脑会议提出了"千年发展目标"计划，就消除贫穷、饥饿、疾病、文盲、环境恶化和歧视妇女等制定了一套有时限也能够测量的目标和指标体系，包括八大目标18个具体指标的48个监测指标作为衡量新世纪2015年前世界发展的基本指标体系（见表1-3）。2005年9月的第60届联合国大会对此进行了更新。同时，所有指标尽可能地按性别和城市—农村区位划分。

表1-3　　千年发展目标中的教育指标（2005年修订后）

目标内容	具体指标	监测指标
实现普及初等教育	到2015年，确保全球儿童（不论男女）都能完成小学全部课程	初等教育的净入学率
		初等教育完成率
		15—24岁年龄组人口的识字率

[①] 楼世洲：《区域教育可持续发展指标体系研究》，教育科学出版社2012年版，第98页。
[②] 孙袁华、张熙：《建构我国的高质量义务教育评价指标体系——一种国际化视野的归类比较与综合分析》，《教育理论与实践》2003年第8期。

续表

目标内容	具体指标	监测指标
促进两性平等并赋予妇女权利	最好到 2005 年在小学教育和中学教育中消除两性差距，最迟于 2015 年在各级教育中消除此种差距	接受初等、中等和高等教育的女性与男性人数比例
		女性在非农业部门有工资收入的就业人员中所占比重
		女性在国家议会中所占席位的比重

注：根据《2013 年世界发展指标》中"世界概览"一章对千年发展目标的进程回顾整理而成。

5. 全民教育指标体系

1990 年 3 月，世界全面教育大会提出了 2000 年普及基础教育和扫盲的目标，世界全面教育计划正式启动。根据世界全面教育进程监测计划，2000 年 UNESCO 对世界全民教育进行了全面评估。全民教育指标体系以普及基础教育和扫盲为目标，选定 18 个评估指标，包括：学前毛入学率、一年级学生中受过学校教育的比例、小学新生毛入学率、小学新生净入学率、小学毛入学率、小学净入学率、小学公共经费占教育总经费的百分比、小学教师合格率、小学教师资格合格率、生师比、分年级重复率、五年级存留率、绩效系数、四年级合格率、15—25 岁文盲率和非文盲率性别差异。

6. 美国教育统计指标体系

美国教育统计中心以 38 个指标反映美国教育的各个方面（见表 1-4）。

表 1-4　　　　　　美国教育统计指标体系

一级指标	二级指标
教育的参与	分年龄段的入学率及趋势
	美国公立学校接受幼儿园学龄前教育情况
	全日制及半日制幼儿园入学趋势

第一章 导论

续表

一级指标	二级指标
	基础及二级教育过去及预计的入学情况
	种族民族及贫困地区人口的入学集中度
	过去及预计的本科入学情况
	成年人在于工作相关的教育中的参与情况
学习成果	三年级学生阅读及数学成绩
	四年级和八年级学生阅读成绩
	四年级和八年级学生写作成绩
	四年级和八年级学生数学成绩
	教育及健康
	青年待业人数
	成人青年年收入
学习努力程度及教育过程	十年级学生接受二级后教育的期望
	由于家庭收入引起的退学率
	升入二级后教育情况的国际比较
	补习及学位完成情况
	本科教育巩固率及完成趋势
	女性学位获得情况
基础/二级教育环境	学习科学和数学课程的趋势
	学习科学和数学课程学生的特点
	八年级科学课程的讲授方法
	贫困人口集中和少数民族地区非专业教师的数量
	选择母校的情况
	学校领导者的特征
	高中学校指导咨询
	公立学校中从事学生服务的员工数
二级后教育的环境	参加学习的在职员工人数
	前30名二级后教育课程
	参与补习课程情况
	二级后教育机构的远程教育情况

续表

一级指标	二级指标
社会对学习的支持情况	学生放学后的照顾和安排
	学生课余活动
	公立基础教育支出
	教育支出的国际比较
	四年制学院及大学的公共机构援助情况
	大学毕业生的债务负担情况

7. 欧盟教育质量监测的指标

2007年2月，欧盟委员会提出了教育质量监测的20个核心指标。5月，欧洲理事会教育部长理事会对欧盟委员会提出的20个核心指标进行了调整，最后批准了监测教育进展的16个核心指标：学前教育参与率、特殊需要教育、早期离校生、阅读数学和科学素养、语言能力、运用信息技术能力、公民素养、学会学习的能力、高中阶段教育完成率、教师和教员的专业发展、高等教育毕业生、高等教育学生跨国流动、成人参与终身学习、成人能力、人口的教育成就、教育和培训投入。[①] 这16个指标涵盖了从学前到终身学习的整个大教育系统，是对教育的全程监测。

8. WEF全球竞争力指标体系中的教育指标

世界经济论坛（WEF）《全球竞争力报告》的主要竞争力排名为全球竞争力指数（GCI），GCI由12个竞争力支柱项目构成，为识别处于不同发展阶段的世界各国竞争力状态提供了全面图景。这些支柱是：制度、基础设施、宏观经济稳定性、健康与初

---

① 李建忠：《欧盟教育质量监测的指标和基准》，《比较教育研究》2009年第10期。

等教育、高等教育与培训、商品市场效率、劳动市场效率、金融市场成熟性、技术设备、市场规模、商务成熟性、创新。WEF 全球竞争力指标体系中的教育指标及其权重见表 1-5。

表 1-5　WEF 全球竞争力指标体系中的教育指标及其权重

一级指标	二级指标	三级指标
健康与初等教育（25%）	初等教育（50%）	初等教育质量
		初等教育入学率
		初等教育开支
高等教育与培训（17%）	教育数量（33%）	中等教育入学率
		高等教育入学率
		高等教育开支
	教育质量（33%）	教育系统质量
		数学科学教育质量
		管理学院质量
		学校互联网接入
	培训（33%）	员工培训投入强度
		在职培训可获得程度

9. IMD 世界竞争力指标体系中的教育指标

瑞士洛桑国际管理学院（IMD）世界竞争力指标体系中的教育指标有 19 项：教育公共支出占 GDP 百分比、人均教育公共支出、初等教育生师比、中等教育生师比、中等教育入学率、高等教育成就（25—34 岁公民接受三级教育的比例）、学生流入（每千名居民中外国三级教育学生数）、学生流出（每千名居民中出国三级教育学生数）、教育评价（15 岁 PISA 调查）、英语熟练度（托福成绩）、教育系统、大学教育、管理教育、文盲率（15 岁以上公民）、识字率、教育财政、语言技巧、合格工程师、知识转化。

(二) 国际主要指标体系评议

1. 国际教育指标体系的特点

分析以上国际教育指标体系，可以发现它们具有以下几个特点[①]。

第一，在指标制定依据方面，教育指标体系有相应的理论支撑。国际教育指标体系的构建和修改都有一套比较成熟的指标理论做指导，最典型的是 OECD 的 CIPP 模式，它们关注的内容不仅仅局限在教育内容，而且关注教育与经济、社会以及个体发展等全方位关系，从而使教育决策在社会大背景下合理定位教育的发展规模、速度和质量，不仅反映在每个独立指标数据上，而且也反映在指标与指标的关系上，科学地体现教育与社会的交互影响。[②]

第二，在指标性质方面，数量与质量并重。构建教育发展指标体系的根本目的是通过评价教育发展的质量为国家制定提高教育质量的有关政策提供依据。因此，在指标体系中不仅要有反映数量、规模的指标，还要有体现教育发展质量的指标，只有这样才能科学全面反映出各国教育发展的实际水平，为国际比较及各国的教育改革与发展提供依据。

第三，在指标构成方面，具有相同或相近的三级指标。世界银行和经合组织共同关注的教育发展指标涵盖教育投入、受教育机会、教育产出和成果，具体指标包括：公共教育支出占 GDP 的百分比、学生人均公共支出占 GDP 的百分比、生师比、各级教育入学率和毕业率、成人识字率/非文盲率等。

---

① 胡卫、唐晓杰：《中国教育现代化进程研究》，教育科学出版社 2010 年版，第 51 页。
② 中央教育科学研究所国际比较教育研究中心：《中国教育竞争力报告 2010》，教育科学出版社 2011 年版，第 53—54 页。

第一章　导论

第四，在指标的稳定性和发展性上，教育指标体系相对稳定又开放发展。教育的可持续稳定发展在教育指标体系构建上体现了对指标稳定性的要求。同时，教育系统也是一个和国家经济、社会发展密切相关的开放系统，指标的变化既能折射出一段时间内国际和国家社会的发展趋势，又使教育指标体系具有更强的应用价值。[1]

第五，在指标评价方面，注重过程监测，关注受教育者个人。十分重视对教育过程的监测和比较分析，为教育政策制定者、管理机构、学校以及教师提供丰富和具体的信息，便于制定合理的政策，提高管理者的效能，方便教师改进教育教学过程。同时，高度关注受教育者本人获得的教育结果，体现了教育指标体系务实和人本的思想，追求教育对受教育者个人所产生的影响。

第六，在指标的选取、统计和数据来源上，数据重视指标的相关性、可比性和可预测性。欧盟学校教育指标的数据均来自国际教育协会（EA）所进行的研究、经济合作与发展组织所进行的统计和欧盟统计办公室（EUROSTAT）所进行的调查，数据资料可共享、可比较。在指标的选取和统计资料收集上，既力求切合各国国情，更强调各国间的相互联系，非常注重国际通用性和国际可比性，同时还考虑到教育全球化等教育新问题。教育指标数据统计建立了一个较为完善的教育信息监测系统。各国际教育指标体系都是一个系统的、连续的监测过程，以求真实地反映出教育发展的轨迹及其同社会发展的关系变化趋势。[2]

---

[1] 中央教育科学研究所国际比较教育研究中心：《中国教育竞争力报告2010》，教育科学出版社2011年版，第54页。

[2] 同上。

第七，在指标管理方面，注重专业化、职业化。美国有大量非政府组织涉足国家教育指标的监控和评价，如国家教育统计中心（NCES）所进行的各类调查，具体操作通常都是由非政府组织负责。此外，教育评价方面的报告，也是更多地来自独立或私立机构。专业协会或学会通常在教育绩效评价中发挥着主要作用，如美国的教育认证机构，其人员结构本身由教育职业工作者组成，社会各界参与。从标准的制定、实施到决策、评审过程，一切都是在没有政府和教育行政部门干预的情况下完成的。

2. 国际主要教育指标体系的启示

国际组织在构建教育指标体系上所呈现的几大特点无疑将为我国教育现代化指标体系的构建提供颇有价值的理论指导和实践参考。

第一，教育指标体系必须要建立在一定的理论基础之上，同时具有一定的理论分析框架和模式。① 正如，OECD 教育发展指标体系采用 CIPP 分析模式，我国的教育发展指标体系只有采用一定的理论分析模式，才能够使得对该指标体系的分析成为可能。

第二，在描述我国教育发展的有关情况之前，考虑当前的人口状况、经济发展状况和社会的发展状况等背景。这是一个严格意义上的教育发展指标体系所不可缺少的组成部分。正如 OECD 的 CIPP 模式不仅关注教育内部，而且关注教育与经济、社会以及个体发展等全方位关系，从而使教育决策在社会大背景合理定位教育的发展规模、速度和质量。同时，教育发展指标必须具备一定的政策相关性，必须得到国家政府部门的支持，以便保障研

---

① 楚江亭：《关于构建我国教育发展指标体系的思考》，《中国教育学刊》2002 年第 2 期。

究资金的来源和研究工作的顺利进行。①

第三，完善衡量教育质量的指标，增加反映教育过程的指标。教育是培养人的活动，一切资源的投入不仅要服从效率的原则，而且最终要体现在学生身上，因此教育的产出与效率指标在整个指标体系中分得非常细致，数据也提供得很详尽，如OECD既有体现学习环境、各类学生有关科目的学习成绩、学习态度和性别差异方面的指标又设置了教育与收入关系、年轻人口的失业与教育等指标。② 增加反映学生综合评价的质量指标，比如，评价学生有关科目的学习成绩、学习态度和性别差异等。1997年OECD教育发展指标体系第六部分的内容就是关于学生成绩的，分为六个指标：四年级学生的数学和科学成绩、四年级学生的数学和科学成绩的差异、四年级和八年级学生在数学和科学成绩上的性别差异、两个年级间的数学和科学成绩差异、八年级学生的社会背景和成绩、四年级和八年级学生对数学的态度。这一指标将为我国政府制定有关提高教育质量的教育政策提供重要参照。③ 同时，要增加反映教育过程的指标，不能只看结果，还要看教育经费的使用效益，教育活动的组织过程等情况，做好过程监控管理。④

第四，借鉴或采用国际通用的教育分类标准，以利于同其他国家相比较。在知识经济时代，全球化已不仅是经济领域的事

---

① 楚江亭：《关于建立我国教育发展指标体系的思考——兼论OECD教育发展指标体系的主要内容》，《教育理论与实践》2002年第4期。
② 楼世洲：《区域教育可持续发展指标体系研究》，教育科学出版社2012年版，第122页。
③ 同上书，第80页。
④ 胡卫、唐晓杰：《中国教育现代化进程研究》，教育科学出版社2010年版，第51页。

情。为了更好地进行教育领域的国际交流与合作，在教育指标上，我们应尽快与国际接轨，采用国际通用的教育分类标准，形成科学的理论框架，便于比较。同时，应加强国际交流与合作，借鉴他国的经验，改进我国的数据收集技术，完善我国教育指标体系的分析模式，鼓励社会中介机构参与教育研究与教育指标研究。只有这样，我国的教育信息系统才能真正为政策制定和决策提供有效的信息。也只有这样，我国才有可能制定出符合国情的、体现教育公平的、能够促进教育的、社会和经济协调发展的教育政策。当然，建立我国教育发展指标体系，既要借鉴OECD教育发展指标体系成功的经验，又要考虑到我国经济、文化和教育等方面的实际情况。教育发展指标要起到这样的作用，必须有科学的视野，而不是简单想象和推测，必须从本国和别国经验出发，必须要有一个严肃的态度进行大量的有价值的工作。[1] 只有这样，符合我国国情并建立在成功的教育发展指标体系基础之上的、我国的教育发展指标体系才能更好地完成，也才能为我国的教育发展真正做出贡献。

　　第五，改变教育信息逐层统计方式，开展不定期的专项调查。改变我国现有的教育信息由各级教育行政部门在固定时间逐层统计的方式。教育信息应由教育领域、社会政策研究领域、经济研究领域等多个领域的相关专家组成工作小组或委员会，负责研究我国教育政策、社会、经济等方面的发展变化，制定相应的教育发展指标，设计调查工具和方法，然后交由教育行政部门实施统计，并在县以上每一级统计单位均临时成立专家指导小组，

---

[1] 楼世洲：《区域教育可持续发展指标体系研究》，教育科学出版社2012年版，第81页。

保证统计的科学性。① 通过不定期的专项调查主要考察教育指标体系中的质量方面的情况来补充和完善大规模全面调查的不足，并根据调查的实施情况和统计结果及时调整指标，从而逐步完善我国的教育指标体系。

四 我国教育现代化指标述评

就我国而言，在理论层面上，一批专家学者就教育现代化指标体系问题展开了积极有益的研究，在实践层面，国家和地方也进行了一系列的实践探索。

（一）学者教育现代化指标体系述评

20世纪90年代以来，我国学者尝试设计和构建出了一些教育现代化指标体系。浙江大学的杨明提出了11项国际教育现代化的指标与参数，包括教育资源投入（公共教育经费、公共教育经费占国民生产总值的比重、人均公共教育经费）、教育规模质量（学前教育毛入学率、小学净入学率、中学净入学率、大学毛入学率、预期的正规教育年数、每10万人中大学生数、成人识字率）和教育效率（留级生百分比）。根据教育现代化是一个具有明显阶段性的历史进程这一观点，谈松华等人认为应把教育现代化的发展分为初级阶段、中级阶段和高级阶段，为了衡量教育现代化的实现程度，他们提出了一项包括定性和定量两个部分的教育现代化实现程度指标体系，其中，定性指标主要有教育制度、教育思想、教育内容、教育管理、师资队伍等方面，定量指标包括教育资源投入（公共教育经费占GDP的比例、人均公共教育经

---

① 胡卫、唐晓杰：《中国教育现代化进程研究》，教育科学出版社2010年版，第51页。

费）、教育规模数量（15岁以上人口的识字率、平均预期受教育年限、中等教育的毛入学率、高等教育毛入学率、每10万人中大学生人数）等7个指标。① 2001年，中央教育科学研究所课题组提出了我国发达地区"十五"时期和2010年基础教育现代化发展水平指标体系设定的建议，该指标包括教育投入指数、教育规模指数、教育成就指数和教育质量要求四项内容。②

杨明根据教育现代化的评价，对我国与25个发达国家的基本数据进行比较分析，分析我国教育现代化的发展阶段。在国际教育现代化的11项量化评价指标中，我国的公共教育经费、留级生的百分比、小学净入学率等已达到极限，学前教育毛入学率、成人识字率已接近极限，公共教育经费占国民生产总值的比重、中学净入学率、预期的正规教育年数、每10万人口中的大学生人数等指标仍有一定差距，人均公共教育经费和大学毛入学率和教育现代化的评价指标之间存在巨大的差距。从总体上看，我国目前教育发展指标覆盖的领域有：呈现教育发展水平的如毛入学率、反映人口素质的如劳动力人口接受教育年限、教育的信息化和国际化趋势的网络化程度和国际交流状况等。③ 其他的教育发展指标则是根据分析的视角不同，其构成的主体部分基本一致。

如中央教育科学研究所课题组从推进教育现代化的角度，提出了教育发展的指标体系要体现一定的超前性、引导性和现实性，不仅要有现代化的特征，而且应当具有现代化的层次结构，

---

① 谈松华、袁本涛：《教育现代化衡量指标问题的探讨》，《清华大学教育研究》2001年第1期。

② 阎立钦、曾天山：《关于发达地区基础教育现代化发展述评若干指标的思考》，《教育研究》2001年第10期。

③ 杨明：《中国教育离教育现代化目标有多远》，《教育发展研究》2000年第8期。

在物质、制度和观念上现代化。在此基础上制定具有中国特色的可操作性发展指标。他们提出了四个领域、15个二级指标构成的现代化发展指标[①]，分别为教育投入指标（教育经费、教育从业人员）、教育规模指数、教育成就指数（学龄儿童入学率、成人教育水平、教育公平度、辍学率、教育信息化、教育国际化）、教育质量指标（教育观念、体制、模式等）。

对教育现代化指标或标准体系的研究，可以说其所用指标大多来自二手资料，如殷革兰《浅谈教育现代化的内涵和标准》中所提及的教育现代化的六项标准即教育思想、教育发展水平、教学体系、办学条件、师资队伍和教育管理的现代化的指标，其资料来源分别为世界银行1994年世界发展报告、UNSCO 1993年世界教育报告以及UNDP 1992年测算。中央教育科学研究所课题组对世界中等发达国家和发达国家教育发展的若干关键性指标进行分析的基础上，结合我国北京、上海、深圳等发达地区基础教育现代化的指标，提出我国发达地区"十五"时期和2000年基础教育现代化发展水平指标设定的建议，其中所用指标数据分布来源于中国科学院可持续发展课题组撰写的《2001年中国可持续发展战略报告》和经济合作与发展组织教育研究中心与革新中心编著的《经济合作与发展组织教育要览》。

谈松华研究员及其课题组对教育现代化指标体系进行了创造性的研究。认为衡量教育现代化的指标体系，包括教育现代化的定性规定和定量规定两个方面。其中，教育生产力、教育制度体系和教育思想观念构成定性指标的重要内容，教育内容、教育管

---

① 阎立钦、曾天山：《关于发达地区基础教育现代化发展述评若干指标的思考》，《教育研究》2001年第10期。

理水平、教师队伍素质则是衡量教育现代化实现程度的重要定性指标。关于教育现代化的定量规定，课题组参照英格尔斯的现代化量表，并考虑了信息化因素，选定八个方面的指标，即 15 岁以上人口的识字率、平均预期受教育年限、中等教育的毛入学率、高等教育的毛入学率；每万人大学生在校生人数、公共教育经费占 GDP 的比例、人均公共教育经费、教育信息化水平。除此之外，把教育现代化的发展分为初级、中级、高级三个阶段。[①]

叶平、王蕊的《中国教育现代化区域聚类与特征分析》，其对指标体系的研究，在推进区域教育现代化方面具有一定参考价值。采用灰色系统的方法，构建两维指标体系，对我国各省、自治区、直辖市社会经济和教育现代化水平进行聚类分析，初步揭示了各区域教育现代化的不同特征，在此基础上，提出各区域教育现代化的推进策略，为分类指导，分区推进提供了实证依据。[②]

在国内一些专家学者就国家或区域层面教育现代化指标体系展开的研究中，相对成熟的当推胡卫等人设计的研究成果。胡卫等立足于国家层面设计了教育现代化指标体系，从我国教育现代化的背景、投入、过程和质量四大模块展开，四大模块下设 8 个一级指标和 24 个二级指标。其中，背景模块主要反映教育布局、结构以及多元办学格局适应我国社会、经济和人口的发展变化的情况。该模块含 1 个一级指标：教育布局、结构的合理程度。本指标用"中小学合理布局程度"和"高中阶段普职教育协调发

---

① 谈松华、袁本涛：《教育现代化衡量指标问题的探讨》，《清华大学教育研究》2001 年第 1 期。

② 叶平、王蕊：《中国教育现代化区域聚类与特征分析》，《教育研究》2003 年第 7 期。

第一章 导论

展"两个指标具体表示。投入模块反映我国教育现代化进程中教育经费的保障情况。该模块包含 1 个一级指标：政府投入水平。该指标具体包括"财政性教育经费占 GDP 的比例""预算内教育经费占政府财政支出比例""生均预算内公用经费占人均 GDP 的比例"3 个子指标。过程模块主要反映教育现代化过程中教育管理、师资队伍建设、学习型城市及教育信息化建设等方面的水平，从多种角度综合反映政府、学校、社会等方面在教育现代化进程中所做的努力。过程模块包含师资队伍建设水平、教育信息化水平、教育国际化水平和终身教育水平 4 个一级指标。质量模块反映我国各级各类教育的主要成就和质量状况。质量模块包括教育发展水平、学生综合素质水平两个一级指标。其中教育发展水平包括学前教育毛入园率、小学阶段净入学率、初中阶段净入学率、高中阶段毛入学率、高等教育毛入学率、6 岁及 6 岁以上人口平均受教育年限等二级指标。学生综合素质水平主要包括"学生道德素养水平""学业水平"和"学生体质健康总体达标率"等内容。

  这个指标体系的思路是严格按照 CIPP 评估模式设计的。但在概念的操作化上存在问题，例如，把"教育布局、结构的合理程度"界定为"教育布局、结构以及多元办学格局适应我国社会、经济和人口的发展变化的情况"是准确的，但是把它作为"背景模块"处理，是不恰当的。当前，教育布局与结构调整是教育改革与发展的重要内容，实现教育布局与结构合理化是教育改革与发展的重要目标，因此，不应该把这个指标放到"背景模块"中去。而师资队伍建设水平、教育信息化水平两个指标应该放在"投入模块"中而不是"过程模块"中。如果把师资队伍建设水平、教育信息化水平两个指标从过程模块中拿走，这个指标体系中的过程模块就显得比较空洞。①

（二）地方教育现代化指标体系述评

改革开放以来，我国教育现代化的实践取得显著进展，国家和地方都在探索设计教育现代化指标体系，对于教育现代化的实践推进起到积极作用。在国家层面，2013年上半年教育部在积极推进制定教育现代化指标体系。在地方层面，广东、上海、江苏等发达地区已经提出教育现代化指标并以之推进教育改革与发展。

2008年广东省出台《广东省县域教育现代化指标体系及评估方案（试行）》，指标体系包括一级指标3个，二级指标14个，主要观测点43个。一级指标包括教育现代化保障、教育现代化实践和教育现代化成就。其中，教育现代化保障包括教育思想和战略规划、人才资源、经费投入、办学条件、教育体系、教育信息化、教育国际化7个二级指标；教育现代化实践包括学生培养、教育管理、教育改革3个二级指标；教育现代化成就包括教育质量、教育效益、教育公平、教育特色4个二级指标。这个指标体系基本依据CIPP评估模式设计，教育现代化保障、实践、成就，分别对应于投入、过程、产出。一级指标的设计思路是清晰的，但是二级指标存在错误归类问题，教育思想和战略规划、教育体系建设、教育国际化等指标应该放在"教育现代化实践"这一指标下，"教育现代化保障"指标下保留人才资源、经费投入、办学条件、教育信息化四个指标即可。

上海市于2004年明确提出"到2010年要率先基本实现教育现代化"。2009年上海市教委公布《上海市2010年教育现代化指

---

① 褚宏启：《教育现代化的路径——现代教育导论》（第2版），教育科学出版社2013年版，第355页。

标体系》，28 项市级指标中包括了 14 项量化指标，如财政性教育经费占 GDP 比例达 4%、2010 年高校毕业生初次就业率达 85%等。这一指标体系参照国际通行体系，对全市教育起到引导、监控、评价作用。上海市教育现代化指标体系分为市级和区级两大部分。市级指标体系包含教育布局结构的合理程度、政府对教育的投入水平、义务教育资源均衡配置程度、教育信息化水平、教育国际化水平、学习型城市建设水平、教育发展水平、学生综合素质水平、社会满意度 9 项一级指标，主要反映上海教育与现有及未来经济社会发展的适应程度，政府对发展教育事业的支持力度，青少年受教育机会的公平程度，学生全面而有个性发展的状况，教育资源转化为人力资源的有效程度等。

江苏自 20 世纪 90 年代初就从学校、乡镇层面开始了教育现代化的实践探索，启动实施了教育现代化工程。2007 年颁布了《江苏省县（市、区）教育现代化建设主要指标》，江苏成为全国首家启动县域教育现代化建设和评估的省份，2013 年初已有 94个县（市、区）通过建设水平评估和验收，90% 的县（市、区）基本实现教育现代化。为了顺利实现省教育规划纲要确定的 2020年教育现代化的目标，促进江苏基本实现现代化建设，省政府2013 年初出台了省域层面的《江苏教育现代化指标体系》。该指标体系总体框架由三级指标构成：一级指标共 8 项，二级指标共16 项，三级检测点共 46 个。一级指标包括教育公平度、教育质量度、教育开放度、教育保障度、教育统筹度、教育贡献度和教育满意度。其中，教育普及度包括各级教育和继续教育 2 个二级指标；教育公平度包括机会均等和资源配置等 2 个二级指标；教育质量度包括学生综合素质和学校办学水平等 2 个二级指标；教育开放度包括资源共享；国际化水平等2个二级指标；教育保障度包括投入水平、师资水平和信息化水平等3个二级指标；教育统筹度包括布局与结构和体制与管理2个二级指标；教育贡献度包括受教育水平和社会服务能力2个二级指标；教育满意度是指对学校及政府的满意度。相比以往的江苏省基本教育现代化指标，该指标体系更加全面完整，涵盖了基础教育、职业教育、高等教育、继续教育等各级各类教育，不仅涉及教育普及度、教育保障度等可量化的教育发展常规指标，而且包含了教育公平度、教育质量度、教育统筹度、教育满意度等发展性的难以量化的非常规指标。许多亮点指标的设计以及目标值的确定体现了指标体系的先进性和引领性，如教育普及度二级指标中包含"继续教育"，符合建设学习型社会的要求和国际潮流；教育公平度三级检测点包含"提供多样化教育"，体现了为每个儿童提供适应其个性特点的教育的新的公平理念；教育保障度"师资水平"二级指标中设计了"教师领军人才数在全国的占比"检测点，体现了江苏在教师队伍建设上的高标准和高要求。江苏与上海的两个指标体系形似也神似。但江苏的指标体系因为出台在后，指标设计的合理性和创新性更为突出。

上述几个指标体系代表着目前我国教育现代化政策实践与学术研究的较高水平，为进一步的研究奠定了基础，但在指标体系涉及的逻辑基础方面还有进一步改进的空间。从指标体系的结构看，四个指标体系本质上采用的都是CIPP模式，广东的指标体系的设计思路非常明确是CIPP模式，上海和江苏的两个指标体系本质上也是CIPP模式，上海的市级指标体系中，政府对教育的投入水平、义务教育资源均衡配置程度、教育信息化水平等指标属于投入类指标，教育布局结构的合理程度、学习型城市建设水平、教育发展水平、学生综合素质水平、社会满意度等指标都属于结果类指标。江苏的指标体系中，教育保障度（投入水平、师资水平、信息化水平）属于投入类指标，教育普及度、教育质量度、教育贡献度、教育满意度属于结果类指标，教育公平度（机会均等、资源配置）、教育开放度（资源共享、国际化水平）、教育统筹度（布局与结构、体制与管理）则涉及投入、过程与结果三类指标。总体而言，投入类和产出类指标由于比较容易衡量，研究基础也比较厚实，所以质量较高，但对于过程指标的设计普遍比较薄弱。[①]

第三节 研究设计

一 研究问题

本书的目的是构建一套能充分反映教育现代化本质的县域教育现代化评价指标体系。具体研究以下几个问题：

1. 县域教育现代化评价指标体系的框架结构是什么？

具体来说，通过对国内外现有的教育指标体系和教育现代化指标体系的系统梳理，从教育现代化的本质教育现代性出发，确定覆盖三级指标的详细的县域教育现代化指标体系的框架结构和权重。

2. 怎样测算教育现代化的三级指标？

对县域教育现代化指标体系的三级指标的测算办法和具体计

---

① 褚宏启：《教育现代化的路径——现代教育导论》（第2版），教育科学出版社2013年版，第356页。

算公式进行深入分析。

二　研究思路

县域教育现代化指标体系的研究整体遵循设计梳理、研讨论证、修改完善的步骤。

首先，设计梳理。在明晰教育现代化内涵的基础上，对国内外权威的教育指标体系和教育现代化指标体系进行系统梳理和深入分析，比较其异同点，同时从教育现代化的本质，即教育的现代性出发，结合县域教育管理权限，根据教育指标体系的构建原则，构建方法以及数据的可得性等初步确定衡量县域教育现代化水平的指标体系。

其次，研讨论证。依托项目，多次召开专题研讨会、专家论证会，组织教育行政干部、教育督学、教育专家学者、中小学校长等相关人员，对县域教育现代化评价指标体系及抽样方案进行论证，根据研讨论证情况，研究起草《县域教育现代化评价指标体系》初稿。

最后，修改完善。《县域教育现代化评价指标体系》初稿形成后，运用两轮德尔菲法，重点就指标权重广泛征求教育行政部门和专家的意见和建议，修改完善相关监测指标体系和工具，最终形成《县域教育现代化评价指标体系》。

三　研究方法

（一）资料收集方法

1. 德尔菲法

德尔菲法，又称专家咨询法、专家评议法，它是利用专家的

第一章 导论

知识和经验，在掌握了一定客观情况和资料信息的基础上，来确定各因素在评判问题或者决策问题中重要程度系数的一种方法。[①] 专家是指掌握较为宽广的技术创新理论知识或具有相当丰富的技术创新实践经验的人。专家的选择虽然具有主观性，但它们是专家本人长期积累的知识、经验的反映，集成多数专家的意见，可以一定程度化为客观，根据专家意见，删除一些不能较好地反映评价对象的评价指标，保留专家认可的指标。[②] 德尔菲法的核心是通过匿名方式进行多轮专家函询、征求参与咨询专家的意见，对每一轮的意见都进行汇总整理，并作为反馈信息，再发送给每位专家，供专家们分析判断，提出新的评判意见，照例多轮次反馈，使得专家意见逐步趋于一致，进而得到一个比较一致的且可靠性较强的方案。

德尔菲法具有这样三个特点。第一，匿名性。在整个调查过程中不公开被调查的专家们的名字，采取匿名的方式交换意见，这样可以只依照意见本身的价值去判断，避免受被调查专家的声誉、地位等因素的影响，以取得较为客观的意见。第二，反馈性。德尔菲法一般要经过2—4轮的调查，每轮都要把收集到的意见经过统计处理后反馈给参加调查的每位专家，以便被调查的专家们掌握每轮调查的处理结果以及其他专家的意见，便于下一轮调查时参考。第三，准确性。运用该方法时，被调查的专家多次反复交换意见，并且每次都对所有

[①] 安晓敏：《义务教育公平指标体系研究——基于县域内义务教育校际差距的实证分析》，教育科学出版社2012年版，第108页。
[②] 万资姿：《人的全面发展：从理论到指标体系》，中央编译出版社2011年版，第113页。

专家的意见进行统计处理，形成集体的意见，提高调查结果的准确性。①

一般来说，德尔菲法的实施主要有以下几个步骤。第一，确定专家组成员。被调查专家不仅要对该领域的理论与实践比较熟悉，还要具有较强的判断和分析能力。第二，拟定调查问卷。调查问卷的主要内容包括调查说明、调查项目、评分标准等。第三，进行第一轮专家调查。发放调查问卷，然后对调查结果进行汇总分析。第四，进行第二轮专家调查。根据第一轮的调查结果调整调查问卷，并将第一轮的调查结果反馈给每位专家，进行第二轮调查。第五，一次类推，根据情况进行2—4轮的专家调查后，对调查结果进行统计分析，从而得到比较集中的意见。②

本书采用德尔菲法的原因在于：一是过去关于教育指标的研究，大多只是理论层次上的分析或是选取部分指标进行比较研究，而从实际观点进行指标建构方面的研究还未受到普遍重视；二是近年来，德尔菲法在教育指标研究上的应用，逐渐受到肯定和认同，为教育指标的建构开辟了新的途径。因此，本书采用德尔菲法，结果将更为准确可观，同时还可避免传统的问卷调查只以一次调查结果为依据的局限。

2. 访谈法

为了全面了解教育现代化的现状和问题，本书采用多轮访谈的形式，每一轮访谈针对上一轮访谈发现的问题进行验证和深入探讨。访谈共分三轮。

---

① 安晓敏：《义务教育公平指标体系研究——基于县域内义务教育校际差距的实证分析》，教育科学出版社2012年版，第108页。

② 同上。

第一章　导论

第一轮访谈面向教育研究者和教育行政干部，采用开放式的半结构式访谈的形式，利用访谈者和被访者一对一的个别访谈和焦点团体访谈，初步了解教育现代化的现状及存在的问题。具体来说，通过对教育研究者一对一的个别访谈，了解专家学者对教育现代化和教育现代化指标相关理论的认识，为教育现代化指标体系的设计奠定理论基础。通过对福建晋江市教育行政干部、教育局各科室负责人和中小学校长等群体的访谈，了解他们对教育指标体系和教育现代化指标体系的认识和思考，征求他们对现有指标的意见和建议，为教育现代化指标体系的设计提供实践依据。

第二轮访谈面向教育行政干部和中小学校长，采用一对一的个别访谈的形式，针对设计的县域教育现代化指标体系的框架结构、指标的构成、指标的测量等进行深入、细致的探讨，为完善指标体系提供实践基础。

第三轮面向德尔菲专家，采用个别访谈的形式，针对构建的指标体系征询意见，进行印证性访谈，用以修正构建的指标体系。

（二）资料分析方法

1. 内容分析法

对现有教育现代化指标体系和县域教育现代化评价相关政策文本进行系统分析，为县域教育现代化评价指标的选择和指标的目标值提供政策依据。

2. 统计分析法

通过对专家评议表获取的数据进行统计分析，通过计算三级指标的纳入率、均值和变异系数确定教育现代化评价指标体系，用变异系数法确定指标权重。

四 技术路线图

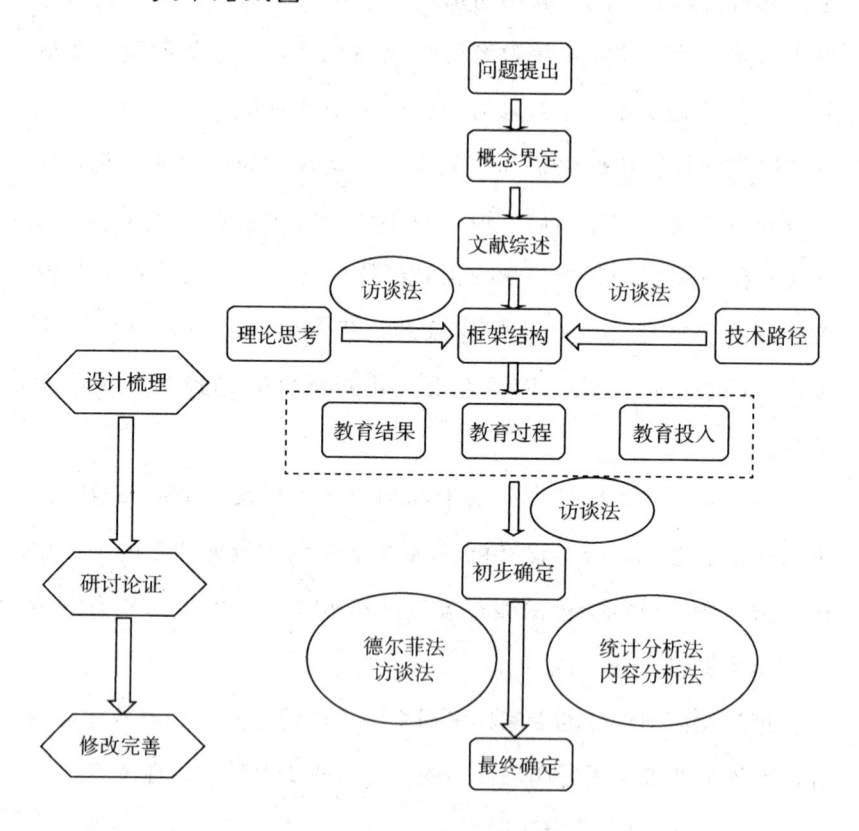

```
问题提出
   ↓
概念界定
   ↓
文献综述
   ↓
理论思考 →（访谈法）框架结构（访谈法）← 技术路径
   ↓
[教育结果  教育过程  教育投入]
   ↓（访谈法）
初步确定
   ↓
（德尔菲法、访谈法）（统计分析法、内容分析法）
   ↓
最终确定

设计梳理 → 研讨论证 → 修改完善
```

五 本书框架结构

本书总体分为六章：

第一章是导论，在简要介绍选题的背景，阐明研究的目的和意义的基础上，对相关核心概念进行界定，并对教育现代化和教育指标的理论进行评述，然后对国际主要教育指标体系和国内教育现代化指标体系进行述评。最后阐明研究的问题、研究思路、研究方法、技术路线和论文整体框架。

第二章是整个研究的理论建构部分,主要包括三个部分:教育现代化理论思考、指标体系建构的技术路径和框架结构。

第三章至第五章是研究的主体,第三章、第四章、第五章分别是教育结果、教育过程和教育投入指标的研究。首先,对教育现代化实践中存在的问题进行实践分析和理论分析,阐述对该维度评价的认识,在此基础上对现有教育现代化指标体系中相应的二级指标进行简单的介绍和评议,从教育现代化的本质教育现代性出发,确定相应的框架结构,即二级指标。其次,对每个二级指标下的三级指标进行简要评议,从教育现代性视角对其进行理论分析,并对相应的现实问题进行回应,由此确定三级指标。再次,从测量的角度出发,分析每个三级的指标的测量方案。最后,从教育现代化发展的现状出发,结合相关政策法规,初步确定各三级指标在基本实现教育现代化时的目标值。

第六章是本书的结论,运用两轮德尔菲法初步确定县域教育现代化评价指标体系,并利用变异系数法确定各级指标的权重,在此基础上通过对专家的访谈对指标和权重进行微调,最终确定县域教育现代化评价指标体系。最后阐明本书的创新点和不足。

第二章 教育现代化评价指标体系的理论建构

近年来，人们逐渐意识到教育现代化的重要性，但在教育现代化的实践推进过程中存在重硬件建设，轻软件建设；重设备配备，轻设备使用；重学生成绩，轻学生身体；重规模扩张，轻内涵发展，等等一系列实践误区，背离了教育现代化的初衷。为此需要构建能反映教育现代化本质的教育现代化指标体系推进教育现代化的实践进程。虽然专家学者和各地提出了一些指标体系，但现有的指标体系理论基础相对薄弱，因此，需要构建能反映教育现代化本质并服务于教育现代化实践的指标体系。

基于此，本章系统分析教育现代化实践中的误区，厘清教育现代化的基本特征，重新认识教育现代化。在此基础上，从指标体系功能定位、构建原则、参照系等几方面介绍指标体系构建的技术路径。最后，通过对现有的几个典型教育现代化指标体系进行系统介绍和简要评议，在此基础上确定县域教育现代化指标体系的框架结构。

第二章 教育现代化评价指标体系的理论建构

第一节 教育现代化评价指标体系的理论思考

一 教育现代化实践中的误区

随着教育发展的不断发展，我国的教育现代化事业取得了一些成绩，但也存在一些问题。

以教育投入为例，在教育现代化过程中，很多学校管理者投入大量的人力、物力、财力进行硬件建设，重视看得见的物质层面的现代化，但很多设备闲置浪费，因为教师不会使用或较少使用，这一问题在农村学校表现尤为突出。首先，硬件现代化并不一定就是教育现代化。一提到教育现代化，很多人第一印象就是高楼大厦、漂亮的校园等看得见的、外在的建设。硬件建设固然不可少，但硬件建设不是在校舍建造上片面追求豪华、追求形式。在中小学布局调整下，有些地方建了很多华丽的学校，但由于生源不足而一度闲置；一些学校虽然购置大量电脑、平板等现代设备，很少教师会用或者由于师资短缺而开不齐信息技术课或教师的信息技术能力薄弱无法胜任信息技术课的教学等原因使得硬件设备一度成为摆设，等等。这些都是对硬件的浪费，是与教育现代化背道而驰的。现代设备的利用需要现代教师。其次，教育现代化不只是硬件现代化。"大学之大，非大楼之大也，而大师之大也。"同理，教育现代化不只是高楼、校园等硬件建设的现代化。教育设备现代化是教育现代化的一部分，但教育现代化不仅仅等于教育设备现代化，并不是教育设备设施现代化就实现了教育现代化。除了教育设备等硬件建设，教育现代化更应关注教师专业发展等软件建设。最后，硬件现代化只是物质层面的现代化，除此之外还有教育观念、教育思想、教育价值、教育理论等观念层面的现代化，课程、教材、教法、学法等知识层面的现代化，教育体制、教育制度、教育体系等制度层面的现代化。教育现代化的评价不能"见物不见人"，不能"只看结果不看过程"。这种将教育现代化等同于各种教学设施、设备、技术等硬件现代化的认识是片面的。

再以学校管理为例，不少学校强调管理的标准化、程序化、规范化，使学校实施军事化或半军事化的管理模式。① 有些学校在推行课改的过程中，要求"先学后教"，在一定意义上体现了学生的主体性，但硬性规定每节课教师只准讲10分钟或15分钟的做法忽视了学科教学的多样性和个性化特色。教师讲解时间要根据学情而定，不同学科、不同班级、不同内容、不同课改状况应有所不同，硬性规定教师讲课时间做法与现代教学方式不相符。对学生而言，强制规定学生活动的每一环节，使得学生像机器一样运转，学校成了"高考工厂"，成了"炼狱"，上学成了"坐牢"。这种极端的管理模式，既束缚了教师的积极性和创造性，也限制了学生学习积极性和个性的发展。

此外，有些学校在发展过程中，盲目进行规模扩张，出现很多大规模学校，甚至是"巨型学校"，造成大班额现象，影响教学效果。这也不是现代教育所倡导的。另外，在教学活动上重手段使用，轻理念创新。许多教师在教学活动设计时往往注重现代教学手段的使用，但对现代教育理念考虑较少。

---

① 夏心军：《走出教育现代化的四大误区》，《现代中小学教育》2003年第3期。

第二章 教育现代化评价指标体系的理论建构

概而言之，所有这些都是教育现代化的应有之义，然而，教育现代化的内涵绝不仅限于此。硬件建设、规模扩张等都只是教育现代化的一个方面，更重要的是教育理念的更新、教育质量的提高、教育结构体系协调发展等。换句话说，教育现代化不单指某一方面的现代化，而是一个丰富的、多方面、多层次、包罗万象的系统工程。

从教育现代化的目标上说，教育现代化不能脱离社会现代化和人的现代化而存在，而现有教育现代化指标脱离了社会现代化和人的现代化。以教师队伍均衡配置为例，现有指标体系中，江苏、成都、上海均将教师流动纳入教育现代化指标体系中。江苏指标体系在"义务教育城乡、学校间条件均衡化的比例"下设置"教师流动合理比例"，并规定教师流动比例不少于15%；上海市级指标体系中设置"教师合理流动机制基本形成"，区县级指标体系中设置"区县内教师合理流动机制基本形成"；成都指标体系"区（市）县内教师流动比例"，并规定教师年流动比例达20%。教师流动是否应该纳入教育现代化指标体系是一个值得商榷的问题。教师流动是为了解决教师队伍配置不均衡提出的，而师资队伍配置是义务教育均衡发展的一个方面。有学者提出，义务教育均衡发展问题不是教育问题，而是政治问题，应更多地依靠政治手段而不是仅仅依靠教育专业手段来解决问题。[①] 通过教师流动解决城乡师资均衡问题本身就是教育发展过程中的误区，而通过政策硬性规定教师流动比例达到某一比例的做法是非人道的，是与教育现代性背道而驰的。教师队伍均衡配置的解决之道

---

① 项贤明：《教育改革中的问题辨析》，《中国教育学刊》2015年第1期。

不在教师交流，而在提高农村教师待遇。因此，不宜将教师流动纳入教育现代化指标体系，而应将教师工资保障纳入教育现代化指标体系，以间接反映社会现代化中的财富分配公平。

教育现代化是社会现代化的组成部分，是社会发展到一定阶段对教育提出的要求，教育现代化受社会现代化的制约，教育现代化无法领先社会现代化。教育现代化相对于社会现代化既是一种手段又是一种目的，作为一种手段，必须为社会的全面现代化服务；作为一种目的，有其自身的目标，但教育现代化不能为了现代化而现代化，否则必然会导致与经济、社会发展的不相适应，受到社会全面现代化的排斥，最后也实现不了真正的现代化。因此，教育结构要与社会经济结构相适应，为此需要在教育现代化指标体系中设置衡量普职教育协调发展情况的指标。就现有指标体系而言，江苏、上海、胡卫仅设置一个指标，而广东、成都、陈国良没有设置相关指标。另外，目前的指标体系对社会民主程度、人的民主意识的反映不够。

现有教育现代化指标体系无法充分反映人的现代化。对社会现代化而言，物的现代化和制度的现代化都不是根本，起决定作用的是人自身的现代化。物的现代化与人的现代化是互为因果，相互促进的，但人的因素更具根本性。人是社会的主体，是社会现代化的实际承担者。现代化的蓝图，先进的技术手段和管理方法，社会活动成效，很大程度上取决于人的素质高低。全面提高人的素质才是社会现代化获得成功的保证。[①] 社会现代化是通过人的现代化实现的，而人的现代化是通过教育现代化达成的。教

---

① 王利珉、朱佳生：《对现代化及其标准的探讨》，《上海高教研究》1998年第8期。

第二章　教育现代化评价指标体系的理论建构

育现代化核心是教育主体的现代化。教育现代化涉及的主体主要有三类：管理主体、教学主体和学习主体，即管理主体具体包括教育行政干部、中小学校长、幼儿园园长和学校中层干部。教学主体是指各级各类教师，学习主体是各级各类学生。通过教育现代化培养现代学生、现代教师、现代校长，通过人的现代化最终实现社会现代化。

而现有的教育现代化指标体系大多涉及教学主体和学习主体，对管理主体的涉及不多，从获得的资料来看，只有广东指标体系中有所涉及，而且也只是设置了一项"教育行政队伍"，具体测量也只是采用教育行政干部的学历情况加以考察。就教师现代化而言，也无法充分体现现代教育对教师的要求。以现有指标体系中设计较为成熟的江苏指标体系和胡卫等学者设计的指标体系为例。就江苏指标而言，师资队伍指标有"师德与专业能力发展""教师学历比例"和"教师领军人才数在全国的占比"三项指标，没有涉及教师数量和教师结构方面的指标，而当前农村教师，特别是音体美等小学科教师短缺是教育现代化实践中亟待解决的问题。就胡卫等学者设计的指标体系而言，教师队伍相关的指标是生师比和教师学历，两项指标从一定程度上能够反映教师数量和教师质量的情况，但没有涉及教师培训情况，同时生师比也无法衡量小规模学校教师的充足性和音体美等稀缺学科教师的多样性。

综上所述，教育现代化是由社会现代化和人的现代化限定的，脱离了社会现代和人的现代化的教育现代化是没有意义的，由此构建的指标体系无法反映教育现代化的目标。

二　教育现代化本质和评价的再认识

在很多讨论中，专家、学者和政府官员基本上都在谈教育现代化，但是对于教育现代化的本质却有着相当大的分歧。原因并不在于人们想不明白教育现代化的本质，而在于利益决定了观念甚至决策的走向。

目前教育现代化实践过程中出现的问题或误区，与人们对教育现代化的内涵和本质认识偏差和对教育现代化评价不当有关。因此，要科学推进教育现代化实践，首先要理解教育现代化的内涵和本质，正确评价教育现代化。只有这样才能正确地从更深的理论层面、更宽的理论视角审视教育现代化的理论问题和实践问题。

那么，教育现代化的本质究竟是什么？不少学者对此进行了积极探索。有学者从价值追求的视角提出现代教育的价值目标是教育的普及化、教育的公共性、教育的科学性和教育的实用性（生产性）。[1] 有学者从教育观念出发，将教育现代化的基本特征归纳为以下八个方面：教育的民主性和公平性、教育的终身性和全时空性、教育的生产性和社会性、教育的个性性和创造性、教育的多样性和差异性、教育的信息化和创新性、教育的国际性和开放性、教育的科学性和法制性。[2] 由于特征划分的标准不明，整体感觉"全而乱"，缺乏内在逻辑性；同时，基本特征内部的关系不明晰，比如教育的科学性和法制性不明，认为科学性包括法制性，同时法制性也包括科学性；基本特征之间有交叉，比如

---

[1] 杨东平：《教育现代化：一种价值选择》，《中国教育学刊》1994年第2期。
[2] 顾明远：《试论教育现代化的基本特征》，《教育研究》2012年第9期。

第二章 教育现代化评价指标体系的理论建构

教育的全时空性与教育的信息化有交叉。以上这些认识都从一个层面或一个角度提出，都有一定道理，但没有或没有充分揭示教育现代化的本质。

教育现代化的目标是有效地增加社会的现代化和人的现代化。基于此，教育现代性存在的合理性，取决于它能否有效地增进人的现代性和社会的现代性。教育现代性的特征和维度可以围绕这些目标演绎出来。具体来说，就人的现代性而言，现代人应该是自由的，教育必须具有人道性，现代教育必须是人道主义的教育。就教育的社会现代化的功能而言，教育现代化既是手段又是目的。作为手段，教育现代化的功能主要体现在教育的经济功能、政治功能和文化功能。就教育的经济功能而言，教育培养的人进入劳动力市场必须能够促进经济的发展，为此教育必须具有生产性。就教育的政治功能而言，现代政治是民主的，因此，教育必须具有民主性，民主的教育和教育的民主是未来更好民主政治的基石。就文化功能而言，教育是文化保持、传承、延续和发展的基本手段，而差异多样的文化是社会文化的活力之源，为此教育必须具有多样性。作为目的，是就教育自身而言，为了教育自身的健康发展，经济、政治等不能过分干预教育，教育要具有主体性，亦即要具有一定的自主性、独立性。教育具有依附性是事实，但一定程度的教育自主性也存在。为了使上述所有诉求能够更好地、尽快地实现，并形成良好的教育秩序，必须借助于国家强制力的保障，教育必须具有法治性。教育具备了人道性、民主性、生产性、多样性、专业性、自主性、法治性，教育理性就水到渠成了。现代教育的合理性，或者说现代性的合理性与合法性，就在于此。因此，教育合理性或者理性化的本质就是上述特征的集合体。①

这是根据教育现代性的本质要求推论出来的教育现代性的若干特征，它们构成教育现代性的基本框架。那么这些特征的重要性和关联性是否是同等的呢？教育促进社会现代化是通过人的现代化实现的，因此教育对人的现代性的重要性高于对社会现代化的作用，因此，我们将人道性置于首位。人道性要求教育满足普通学生、英才儿童、残疾人等各类人群的多样化的教育需求，这就要求教育必须提供多样化的办学机构、课程、教法，这就是教育的多样性。我们将其放在第二位。要保障教育的人道性和多样性，要求教育管理必须科学管理、民主管理、法治管理，由此对应教育的理性化、民主性和法治性。教育活动的开展经费支撑，为此需要关注教育与经济的关系，即教育的生产性。排在最后的是教育的专业性和自主性。由此，现代教育的特征集中反映在人道性、多样性、理性化、民主性、法治性、生产性、专业性、自主性八个教育现代性上。② 虽然该界定的八个特征不是并列关系，逻辑地位不同，但从整体上看，从普遍意义上、从本质上揭示了教育现代化的基本特征。

综上所述，教育现代化的本质是教育现代性，教育现代性是现代教育一些特征的集中反映，它体现了教育现代化过程中教育呈现出的一些新特点和新性质，教育现代性的增长是教育现代化进程的根本特征。教育现代化评价就是对教育现代性实现程度的评

---

① 褚宏启：《教育现代化的本质与评价——我们需要什么样的教育现代化？》，《教育研究》2013 年第 11 期。

② 褚宏启：《教育现代化的路径——现代教育导论》（第 2 版），教育科学出版社 2013 年版，第 66 页。

第二章　教育现代化评价指标体系的理论建构

价，教育现代化评价指标体系的设计也应围绕教育现代性展开。

第二节　教育现代化评价指标体系构建的技术路径

一　教育现代化评价指标体系的功能定位

如果要求一个指标体系同时承载太多不同的甚至相互排斥的功能目标要求，其主要功能及客观性都将受到严重干扰与损害。评价、监测、考核三种体系之间存在着以下诸多差异。第一，作用不同。评价用于对现状进行判断，监测用于对变化情况进行观察，而考核则用于对相关目标任务完成情况及履职情况进行考量和核查。第二，目的不同。评价的目的是通过全面把握一个特定县域教育现代化的现状，从而针对性地制定相关工作规划、测量及措施以及为教育活动提供参考。监测的目的是通过对教育现代化进程的分析，使之向着积极的方面发展。考核的目的则是通过对各有关部门完成预定教育现代化建设工作情况的考量，从而促使其切实履行职能职责，推动教育现代化目标的实现。第三，考察要求不同。即使有的指标可以兼用以上三种体系，但对其考察要求也有很大的区别。评价指标体系的考察强调系统性、过程性、期间性；监测指标体系的考察则强调实时性、重点性、动态性；而考核指标体系的考察则强调目标性、预期性、效能性、督导性。此外，不同功能体系的指标范围及选择角度、要求和侧重也大不一样。

教育现代化评价指标体系对于教育现代化建设具有推动发

展、监测过程和评价结果等功能，不同的功能定位导致指标体系建构模式不同。上海市的指标体系所涉及的内容不多，主要是为了监测发展的最关键环节，评价发展的综合性成就，不以推动和引领发展为主。浙江省、广东省的指标体系内容繁多，体现了其教育改革和发展中所关注的重点问题，浙江省还实行年度上报信息和对结果定期通报制度，兼顾推动和引领功能、监测过程功能和评价结果功能。江苏的指标体系虽然内容不如广东和浙江丰富，但却纳入了一些体现教育改革热点和未来发展趋势的指标，例如产学研结合水平、高校学分互认比例、开始国际课程的普通高中比例、信息技术有效应用的学校比例、职业院校专业课与国际通用职业资格证书对接比例、本科院校具有海外学习经历的教师和学生比例等，而且与常规指标相比，对这些指标适当赋予了更高的权重，体现了重在引领和推动教育改革和发展的功能定位。

  教育现代化指标具有导向、监测和评估功能。导向功能是指教育现代化指标引导教育发展的正确方向，发挥指挥棒作用，指标设置与否、权重大小和目标值的大小对教育发展方式转变具有重要作用。指标体系既包括正向的发展性指标，又包括负向的约束性指标，前者有利于引领教育的良性发展，后者有利于树立正确的教育观念，减少片面追求办学条件和发展速度指标，增加注重公平和质量类指标，促进教育从外延发展方式向内涵发展方式的转变，促进从办学条件现代化到人的全面个性发展的转变，形成良好的教育生态。监测功能是指教育现代化指标可以实时了解县域教育现代化的发展水平、目标达成度，清晰展现教育现代化总体进程的时间表和路线图，客观反映政府和学校在推进教育现

第二章　教育现代化评价指标体系的理论建构

代化方面的努力程度，为最终基本实现教育现代化提供客观依据。评估功能是指当地教育行政部门和学校通过自我评估和专家评估相结合的方式进行诊断性评估、形成性评估和总结性评估，既注重投入产出评估，又重视增值性评估，分析发展水平，确定发展阶段，发现优势特色，找到不足和差距，为分类指导提供客观依据。[①]

二　教育现代化评价指标体系的设计原则

在教育现代化指标体系构建工作中，评价指标的选择是首要的一项工作。通过研究我们认识到：现实中与教育现代化相关的指标数量众多，但指标体系不可能罗列所有的相关指标，而只能选择其中具有代表性的部分指标来构建。由于各种客观条件的限制，指标的选择只能是一种对各种制约条件权衡后作出的趋优选择。为充分表达教育现代化的内涵，体现其对推进教育现代化的依据和指导作用，指标体系的设置应遵循以下几个原则。

（一）科学性原则

科学性原则是指构建县域教育现代化指标体系时应能客观、准确地反映教育现代化的现状，并能以此揭示教育现代化进程运行的基本规律。因此，构建县域教育现代化评价指标体系必须要有科学的理论依据，并结合教育现代化的进程，来确定指标体系的构建框架和路径。指标的选取应建立在对教育现代化的充分认识、深入研究的基础上，能较客观和准确地反映教育现代化的基

---

① 曾天山：《教育现代化是引领教育事业科学发展的先导旗帜》，《中国高等教育》2013年第8期。

本要求，体现教育现代性的主要内涵。具体来说，指标体系的科学性主要体现在以下几个方面：一是应对教育现代化内涵进行正确表达。即指标体系应正确体现教育现代化的本质。一个不能正确表达教育现代化内在要求的指标体系，实际上是不能全面评价教育现代化状况的。有不少指标从表面上看也具有一定的可用性，但仔细分析却并无多大的教育现代化评价价值。例如，文盲率作为一个国家教育发展评价指标具有很好的可用性，但作为一个教育现代化评价指标，价值不大。二是应对教育形态和教育现代性进行正确表达。即体系应正确反映教育形态和教育现代性之间的关系和内在联系。教育现代化评价选择指标的相关性与评价结果的确定性密切相关。相关性越远，评价意义的间接性就越大，评价结果价值的确定性就越差。事实上，各个具体指标的教育现代化相关性远近程度是不一致的，体现在教育现代性的优先排序上。在面对若干可供选择的具有相同相关意义的指标时，只可能优先选用相关性更直接、更具有典型意义和涵盖面更宽的指标。若有的指标不可采集或不便操作，则选择尽可能符合以上特点的指标作为替代指标。如果忽略了这一点，牵强地、过多地选择相关性较远的指标，就会形成盲目的、无意义的指标堆砌，从而大大降低评价结果的客观性。如师生每周使用信息技术教学的时间就很难衡量出信息技术应用情况。三是应对指标体系构建的逻辑规定性进行正确表达，而不是随意堆砌。四是评价思维和分析方法应体现辩证法与客观性要求。即避免用片面、机械、静止的眼光来进行简单评价。对具体指标的评价，应强调联系相关的条件和过程来分析其价值；对各种相关指标，应强调从其关联性来判断其意义。

第二章 教育现代化评价指标体系的理论建构

(二) 目标性原则

建立与完善教育现代化指标体系必须围绕研究目的即全面、系统、客观真实地描述区县教育现代化状况，综合考虑指标之间的相互联系等目的来开展我们的研究工作，并以此目的来设置县域教育现代化评价指标体系的基本框架。评价者的目的不同，指标体系也不可能千篇一律。例如，OECD教育发展指标体系的一个指导原则是强调政策相关性，因此，从1973年至今，其指标体系的演变与发展无不顺应和体现教育政策的变化，力求通过指标设置来增强指标的政策分析能力。而联合国"千年发展目标"计划则是针对消除贫困、饥饿、疾病、文盲、环境恶化和歧视妇女等制定的指标体系，涉及教育的指标就只涉及普及小学教育和促进两性平等并赋予妇女权力两方面。UNESCO的教育指标体系又以教育与政治、经济、社会、文化、人口的关系为前提，特别强调在教育资源供给与需求的均衡过程中，教育质量与公平对于教育走向现代化的重要性。

建立与完善教育现代化评价指标体系必须要有一个战略目标。因为任何指标都可以说是一定生产力发展水平的标准，那么，建立与完善县域教育现代化评价指标体系首先要与我国当前教育发展水平程度相适应。由于所处的立场不同，社会不同方面对教育现代化的认识是有差别的。教育行政部门强调宏观层面的教育现代化问题，比如经费投入和师资建设的现代化问题；学校层面关注的更多是中观层面的教育现代化问题，比如各级入学率；课堂层面关心更多的是现代化的教学方式和现代化的学习方式；人民群众关注更多的是现代化的教育服务。以上认识反映了社会各个方面对教育现代化的期待。由此，我们可以这样认为：

我国教育现代化指标体系可以分教育现代化指标体系的现状、基本实现、完全实现三个发展阶段。不同阶段的指标是否有差异？比如在基本实现程度指标体系中已达到最高值的指标在完全实现的指标可能不需出现。

(三) 系统性原则

教育现代化评价指标体系是一个由多重教育形态组成的若干子系统构成具有复杂辩证关系的有机系统。教育现代化的内涵要求和外延表现都具有多样性的特点。体系能否系统地反映这些要求和特点，是决定其评价客观性、完整性程度的重要条件。体系强调评价的系统性，并力求通过系统的评价内容与评价方法予以体现：在评价主体方面，不仅将教育行政部门作为考察对象，而且将学校、社会也纳入了考察范围，而且，还将校长、教师纳入了考察范围。在评价范围方面，既有教育布局、教育管理等宏观层面的问题，又有课程教学等微观层面的问题，同时，还包括相关的条件资源保障方面的问题。在评价内容方面，既有宏观的投入和师资现代化的问题，也有中观的学校发展现代化的问题，还有微观的教学方式和学习方式现代化的问题。在评价深度方面，既重视现时状况与影响，也重视联系相关变化过程与长远影响。在评价方法上，既注重运用定性的评价方式，也注重运用定量的评价方式。总之，体系力求通过多主体、多层次、多方位、多手段、多视角的系统性复合评价，对一个特定县域教育现代化的整体状况得出较为客观的综合性判断。

(四) 可操作性原则

可操作性原则是指在构建教育现代化指标体系时，应充分考虑所涉及的数据在实践中便于获取，统计、汇总上易于操作，而

第二章 教育现代化评价指标体系的理论建构

且教育现代化指标的选取要本着精、通、实的原则。"精"就是通过尽量少的指标从多层面反映教育现代化的状况，可以使人们通过指标体系的指标值清晰地了解我国教育现代化的程度；"通"就是要符合惯例，其中包括国际国内惯例，同时教育现代化指标体系所涉及的指标从历史逻辑上要有延续性或者国内各地惯用原则；"实"就是确定的教育现代化指标体系中所涉及的教育现代化指标的计算方法科学合理，数据采集具有实际操作性，不能仅是纯理论性的指标概念。

指标的本质在于给具体的事物以明确的规定性。度量教育现代化的指标体系，应尽量简单明了，易于理解，便于操作；用尽量少的指标反映尽量多的内容，同时便于收集和计算分析。构建教育现代化指标体系的基本目的，就是要把复杂的、模糊的教育现代性变为可度量、可计算、可比较的数字，以便为制定推进教育现代化进程的规划及方针政策提供定量化的依据。在建立指标体系的过程中，所选择的指标不可能面面俱到，否则会使指标体系十分繁杂，不便操作，甚至操作失灵。因此，合理地、正确地选择有代表性、独立性、信息量大的指标是构建高效、系统的指标体系的关键。[1]

指标体系的可行性主要决定于以下几个方面：一是指标体系所设定的条件要求与设定县域的社会、经济、教育的客观实际情况和特点的吻合度如何，吻合度越高，则可行性越强。二是指标体系所提出的具体操作规则要求的合理性程度如何，合理性程度越大，则可操作性越好。三是指标体系所设置的评价要求与其他

---

[1] 万资姿：《人的全面发展：从理论到指标体系》，中央编译出版社2011年版，第111页。

领域现代化指标的契合度如何，契合度越好，则社会认同度越高。为增强可行性，在构建指标体系时充分考虑对以下几个方面条件的满足：一是指标采集的可得性，即对于县域内无法采集的指标不列入体系；二是指标选择范围的确定性，即明确对县域教育现代化评价具有某方面确切意义且必需的指标列入指标选择范围；三是指标可比价值的确定性，即对于只能说明指标间差异但不能表明教育现代化参照意义的数据，不视为具有可比性价值，不作为参照指标进行比较；四是指标评价差异的确定性，即明确对同一指标所涉及的不同规模、不同程度状态的对象适用差别的评价计量方法，使之能客观反映不同考察对象的差别情况；五是计算方法的简便性，即充分考虑体系应用人员的实际情况和工作习惯，计算方法表述力求简明易懂，避免抽象高深的符号与公式；六是指标口径的统一性，一般按国家统计部门的指标口径，在国家统计部门未指定指标口径的情况下，按照部门规定的指标口径。

（五）差别性原则

县域是一个相对的概念，全国而言福建是一个"县域"，就福建而言晋江是一个县域。不同层次的教育行政机构对教育现代化指标体系构建有着不同的要求。作为一个县域性的指标体系，如果不对其县域域界（县、市、省或大区）进行定位，其指标采集、适用范围、对象、评价方法等方面将有很多问题难以确定，该指标体系也就失去了所强调的也是其价值所在的县域性意义。鉴于本书的指标体系设定的适用范围为县级县域，因此，指标体系力求通过以下几个方面体现县域的同性特点。

一是通过基层性指标来体现县域专适性。即体系通过选择设

第二章 教育现代化评价指标体系的理论建构

置若干具有典型县域特点的指标来体现这种差异。如为衡量义务教育均衡发展情况，选取"县域内义务教育校际差异程度"，用校际差异情况衡量县域内的教育均衡发展情况。

二是通过指标适用差别来体现县域专适性。县域专适性是指体系选择指标的标准不应以某一具体县域适用需要而设置，而应以对体系所设定的某类县域具有普遍适用意义为标准，所选择的指标在所设定的县域范围内具有有效获得性、良好的可操作性与共同的评价价值。即根据我国现阶段县域教育现代化的实际发展程度来确定指标考察对象的适应范围以体现这种差别。如衡量一国教育经费的整体充足程度，国际惯例一般采用"财政性教育经费占GDP的比例"，但这一指标一般适用于国际和省际比较，不适用于县域，在县域层面，一般采用"三个增长"；再如在校生性别比仅适用于国际比较，对县域教育现代化的影响意义不大，加上在校生性别比受适龄人口的性别比的影响，且县域间情况差异较小，因此，该指标未纳入指标体系之中。

三是通过指标标准差异来体现县域专适性。即体系设置时，考虑到由于不同县域间教育发展中存在的不平衡性对一些特定的指标值不同的环境中所产生的影响程度的不同，故强调联系县域实际来设定其现代化评价标准。如在衡量教育经费投入充足程度时，除了采取上述提到的"三个增长"外，与此并列提到的还有"两个比例"，其中一个比例就是"预算内教育经费占公共财政支出的比例"。考虑到县域间公共财政支出总量的不同，统一金额对不同县域产生的影响程度也有不同，指标体系未简单地用"一刀切"方式来设定评价标准，采用相对比例，而不是绝对数值，从而更加客观地反映政府对教育的努力程度。

— 69 —

指标体系的县域特色差别。研究中我们特别强调了区别县域层次差别的必要性，也注意到了县域特色问题。有人认为，各地可根据自身特点设置教育现代化指标体系。实际上此观点不甚妥当。因为构建教育现代化指标体系的一个主要目的就是考察各地教育现代化的实现程度，只有统一的标准才能在各地区之间进行比较、评价。教育现代化的内容虽然较多，但制定统一的评价指标体系是必要的。如果不同地区都以自己所处条件为例来设置所谓的具有本地区特色的评价内容和标准，在各种不同的目的的驱使下，就可能会形成混乱的评价标准和五花八门的评价体系，这样教育现代化评价也就失去了意义。本书采用县域特色指标，这样既考虑了各地的差异，又照顾到各地的可比性。

三　教育现代化评价指标体系的参照系

所谓参照系，是指基本实现的标准值，是用来确定指标的目标值和具体实现程度的对照物。关于"现代社会"标准有一个基本的共识：经济是不是市场经济，政治上是不是宪政、法治，思想文化上是否多元。那么教育现代化的标准是什么呢？进一步讲，人类文明是不断发展的，那么这个标准是不是也应该有所变化？这些都是值得进一步思考的问题。

（一）参照系设置的原则

各地教育现代化评价指标体系中所运用的参照系大致归纳为如下几类[①]：

---

① 雷虹：《沪、苏、浙、粤教育现代化评估实践现状分析及其对北京的借鉴》，载方中雄、桑锦龙《首都教育改革的新形势和新任务：北京教育发展研究报告·2013年卷》，北京出版社2013年版，第39页。

第二章 教育现代化评价指标体系的理论建构

一是对于一些国际通用的、具有一定可比性的指标，常常会把发达国家、中等发达国家或国际大都市的相关发展水平作为参照系。例如，江苏省的"学前三年教育毛入园率"就把 OECD 成员国发展水平作为确定目标值的一个参照系。上海在确定"高校境外学生占在校生比例"指标的目标值时，将高收入国家平均水平、中上等国家平均水平、部分国际大都市的发展水平作为参照系。

二是某些指标是以国家或本地制定的相关标准作为确定目标值的参照系。这种标准有可能是国家或省政府的相关政策规定源于相关专业领域制定的标准或目标。例如，江苏省的"入学残疾儿童少年享受 15 年免费教育的比例"，该项指标和目标值选择《江苏省残疾人保障条例》；上海市"义务教育学校布局合理程度"参照的是上海工程建设规范《普通中小学校建设标准》。当然，对既有标准的使用也需要结合自身的实际情况，进行适当的调整。例如，江苏省关于"企业用于员工继续教育和培训的经费占员工工资总额的比例"的目标值是按《国务院关于大力推进职业教育改革与发展的决定》中的规定确定的，但在实践中有不同的情况，因此又结合实际情况进行了适当的调整。

三是有些指标的目标值是参照我国其他发达地区的标准或目标值提出的。例如，江苏省的"学前三年教育毛入园率"，在制定目标值时还参照了上海、浙江两地此指标的目标值。

四是有些指标的目标值是对自身发展水平的预估计而提出的。其中不免有不够精确、缺乏严格的科学论证之嫌。但这种经验性的标准，有时对实践也具有较好的推动作用。例如，江苏省讲对"身心发展困难学生受帮扶比例"的目标值定位 85% 以上，就属于经验性的预估。

五是有些指标的目标值是根据相关的考试或监测结果确立的。例如，上海市的"中小学学生学业水平"可以通过中考和会考反映，也可以根据全国基础教育质量监测中心提供的监测结果进行比较。上海实施PISA后，还可进行相关的国际比较。

六是某些定性指标的参照系是按照自主设定的等级确定的。例如，关于"社会满意度"的目标值。

县域教育现代化评价指标体系在设置参照系时应注重以下原则[①]：

一是国际化原则。我国的教育现代化主要是以追赶当今世界发达国家的教育发展述评为战略诉求，因此，评估指标的目标值确定应优先以国际上的主流发展水平为参照，特别是对于国际通用性指标和反映国际主流教育理念的一些指标。具体而言，对于已经达到中等发达国家同期平均水平的指标可将发达国家平均水平作为参照系；对于未达到中等发达国家同期平均水平的指标，如果差距较大，且提升速度较慢，可继续将中等发达国家平均水平作为参照系；对于难以获得全部中等发达国家或发达国家数据的指标，可以能获取数据的部分发达国家发展水平作为参照系；如果有部分世界都市或国际大都市的相关数据，也可作为相关指标的参照系。

二是本土性原则。我国的教育发展有自身的文化背景和发展特征，各地在教育现代化推进方式、发展水平上并不同步，因此，确

---

① 雷虹：《沪、苏、浙、粤教育现代化评估实践现状分析及其对北京的借鉴》，载方中雄、桑锦龙《首都教育改革的新形势和新任务：北京教育发展研究报告·2013年卷》，北京出版社2013年版，第42—43页。

第二章 教育现代化评价指标体系的理论建构

定指标的参照系必须兼顾国情、省情、县情，特别是对于具有中国特色或地方特色的指标，在设置参照系时必须考虑本土实际。

三是科学性原则。教育现代化评价作为推动、引领、监控教育现代化建设的一种手段，其本身必须讲求科学性。参照系涉及评估标准的问题，因此应注重其科学性。这种科学性来自三个方面：其一，要有科学规范的研究做基础，准确研判未来发展形势；其二，要有规范的数据生产系统和权威的数据做支撑；其三，要准确把握教育现代化发展的阶段性特征，深入了解实际情况。

四是创新性原则。不局限与既有的参照系设置方式，应根据现实需要灵活地、富有创新性地选取或构建更恰当的参照系。其一，不要简单移植既有的标准，应根据实际情况对其进行灵活调整。其二，要综合灵活运用多种参照系设置方式，例如国际性目标、本土标准和其他发达省市的标准相互结合；对不同区域或不同对象设置不完全相同的标准。

(二) 参照系的阶段性

那么教育现代化评价指标体系的目标值是否是固定不变的呢？现代化本身就是一个持续的历史过程，是一个动态的、不断发展的过程，是人类不断追求自我完善的过程。教育现代化的发展性决定了教育现代化指标的阶段性和动态性。

所谓阶段性是指教育现代化不断完备的过程，不同时代的教育现代化具有不同的特征，不同的标准。一般来说，教育现代化要经历初步现代化、基本现代化和完全现代化三个发展阶段。不同阶段的指标组成、指标的目标值有所不同。阶段性与国家的政策变动密切相关。比如国家教育政策的关键词由"两基""双高普九"，到"义务教育均衡发展"，再到"教育现代化"，整体是不断发展、不断完备的。从国际上看,相对于联合国千年发展目标中的教育指标体系和全面教育指标体系,世界银行、OECD 和 UNESCO 的教育指标体系具有更好的发展性和动态性。《教育概览:OECD 指标》的不同版本不仅因为年度的不同在数据上存在差异,同时,根据世界各国教育发展的动态与教育研究领域的进展,每年及时变更调整分析指标,反映世界各国教育改革的模式以及教育发展的总体趋势,反映不同时期各成员国教育关注点的变化,也反映了不同时期社会政治、经济、文化的变化以及这种变化对教育的影响。在全球经济衰退的背景下,《教育概览 2013:OECD 指标》通过增加新的指标反映了教育对就业的影响,详细阐述了教育收入、失业率以及教育收益之间的关系,并分析了接受教育与健康问题之间的关联。[①] 联合国教科文组织在每年的教育统计指标中,还会根据世界教育发展的趋势和国际组织关注的重点,对一些指标进行适当的增加和调整。[②] 在中国,教育发展指标体系应该在有关教育政策和教育环境的改变方面具有敏感性,同时还应针对有关教育的热点问题以及教育政策环境的变化来确定、补充、修改和完善教育发展指标体系。在教育发展指标研究与教育政策制定上,两者是互动的。教育发展指标研究的敏感,并不是对教育政策制定的迁就和附和,而是要为教育政策提供合适的判断基础,避免出台的政策不作为,政策文本虚置。如曾有政策规定高中普及率到某年达到 80%,而根据人口预测,以

[①] 经济合作与发展组织:《教育概览 2013:OECD 指标》,中国教育科学研究院译,教育科学出版社 2013 年版,中文版前言。

[②] 邱白莉、冯增俊:《教育现代化指标体系比较研究——江苏教育现代化指标体系研究》,博士学位论文,华南师范大学,2006 年,第 13—14 页。

第二章 教育现代化评价指标体系的理论建构

现在的高中阶段教育规模保持不变，到那时高中普及率已远高于80%。据此，我们可以判断这个政策实际是缺乏教育发展指标研究的基础，是一个虚置的教育政策。教育发展指标研究可促进教育政策以"作为"的形式规划政府部门的工作。①

四 教育现代化评价指标体系的评估方法

指标的建构方式、政策内涵、测量口径不同，决定了指标体系的评价方法不同。浙江和广东全部采用定性描述的方式。浙江采用计分制，5个一级指标总分1060分，定性指标采用分档计分，达标得满分，基本达标得满分的50%，不达标的不得分。前41项三级指标评估没有不达标，且总分达到850分以上的，为基本实现教育现代化；总分达到950分以上的，为实现教育现代化。其中第五项一级指标为深化改革取得的成果，作为加分项目，全国推广加分20分，全省推广加10分，全国、全省不重复计分，累积加分最高为60分，体现了该指标体系对深入务实推进改革创新的导向性作用。广东省采用分级制，二级指标的检测结果分为A、B、C、D四个级别，教育现代化和基本现代化有不同的标准，县域教育实现现代化的标准：A≥12，C=0，D=0，且所有必达指标为A；县域教育现代化基本实现现代化的标准：A≥9，C≤1，D=0，且所有必达指标为A。

上海和江苏采用定性和定量相结合的方式，其检测和实施相对更为便捷、操作性更强。两者均采用计分制，总分100分，实际教育现代化的实现指数和得分根据各单项指标实现程度与权重

---

① 楼世洲：《区域教育可持续发展指标体系研究》，教育科学出版社2012年版，第81页。

分值进行加权计算得出。定量指标的实现程度采用统计数据计算现值与目标值之比加以评测,定性指标采用等级化描述加以评测,江苏定性指标检测结果分为五档:"完全符合",实现程度为100%;"比较符合",实现程度为80%;"基本符合",实现程度为50%;"基本不符合",实现程度为30%;"完全不符合",实现程度为0。上海市软性指标采用等级化描述加以评测(如:很满意——满意——一般——不满意——很不满意)。上海和江苏都对指标赋予一定权重。上海对各个一级指标赋予了权重,规定一级指标下二级指标权重的复制可根据各区县的情况确定,但要求权重复制时要突出核心指标的权重。[①]

在进行综合评价之前,应对各个评价指标的取值及其变化作出适当的规定。对于定距和定比指标取值的变化,主要是消除计量单位在综合评价当中的干扰,例如,可采用统计数据计算现值与目标值之比加以评测。对于定类和定序测量指标的数量化处理,可以采用量表技术来给相应的评价指标赋值,也可以借助专家打分系统。[②]

第三节 教育现代化评价指标体系的框架结构

改革开放以来,我国教育现代化的实践和研究取得显著成

[①] 雷虹:《沪、苏、浙、粤教育现代化评估实践现状分析及其对北京的借鉴》,载方中雄、桑锦龙《首都教育改革的新形势和新任务:北京教育发展研究报告·2013年卷》,北京出版社2013年版,第39—40页。

[②] 同上书,第43页。

第二章　教育现代化评价指标体系的理论建构

就，国家层面在积极推进制定教育现代化指标体系，在地方层面，广东、上海、江苏、成都等发达地区已经提出教育现代化指标并以之推进教育改革与发展，胡卫、陈国良等专家学者从研究层面也提出了一些指标体系。但是这些指标体系还有待进一步改进，缺少能够反映教育现代化本质的关键性指标，但却包含一些无关指标，出现结构性偏差，致使指标体系的效度不高，直接影响到我国教育现代化的实践进程和发展水平。本节在现有的指标体系中，选择广东、上海、江苏、成都、陈国良、胡卫等几个典型教育现代化指标体系进行简要回顾和评议，在此基础上，提出构建教育现代化指标体系的框架结构。

一　现有教育现代化评价指标体系框架概览

广东省于2008年出台了《广东省县域教育现代化指标体系及评估方案（试行）》，该指标体系依据CIPP评估模式，设计一级指标3个：教育现代化保障、教育现代化实践和教育现代化成就，分别对应于投入、过程和结果，一级指标的设计思路非常清晰。

上海市于2004年明确提出"到2010年要率先基本实现教育现代化"。2009年上海市教委公布《上海市2010年教育现代化指标体系》。该指标体系分为市级和区级两大部分。市级指标体系包含教育布局结构的合理程度、政府对教育的投入水平、义务教育资源均衡配置程度、教育信息化水平、教育国际化水平、学习型城市建设水平、教育发展水平、学生综合素质水平、社会满意度9项一级指标。可以发现，教育布局结构的合理程度、学习型城市建设水平、教育发展水平、学生综合素质水平、社会满意度等属于结果类指标，政府对教育的投入水平、义务教育资源均衡配置程度、教育信息化水平等属于投入类指标。

江苏于2013年初出台了省域层面的《江苏教育现代化指标体系》。该指标体系包括一级指标共8项：教育普及度、教育公平度、教育质量度、教育开放度、教育保障度、教育统筹度、教育贡献度和教育满意度。该指标体系中，教育普及度、教育质量度、教育贡献度和教育满意度属于结果类指标，教育保障度（投入水平、师资水平和信息化水平）、教育公平度中的"资源配置"、教育开放度中的"资源共享"等属于投入类指标，教育统筹度（布局与结构、体制与管理）属于过程类指标。

2012年2月26日，成都市人民政府教育督导团发布《成都市区（市）县教育现代化发展水平监测指标体系》。该指标体系包括一级指标8项：教育事业发展水平、教育公平与质量、教育经费投入、办学条件及教育信息化水平、师资队伍建设、教育国际化、学习型社会建设水平和教育管理水平和社会满意度。其中，教育事业发展水平、教育公平与质量、学习型社会建设水平和社会满意度属于结果类指标，教育经费投入、办学条件及教育信息化水平、师资队伍建设、教育国际化属于投入类指标，教育管理水平属于过程类指标。

2013年7月，陈国良等学者受教育部委托设计开发了《教育现代化监测评价指标体系（讨论稿）》，该指标体系包括5个一级指标：普及与公平、结构与质量、条件与保障、服务与贡献、信息化和国际化。其中，普及与公平、服务与贡献属于结果类指标；条件与保障、信息化属于投入类指标；结构与质量维度下的德育艺术实践课程开设水平、学生学业成就水平、学生体质健康

第二章 教育现代化评价指标体系的理论建构

水平、高校特色学科专业集中度、高水平学科比例和学历教育开放水平属于结果类指标,而班额达标率、普通高中选修课比例属于过程类指标;国际化维度下的来华留学生数、高校学生出国留学人数属于结果类指标,高校聘请外籍教师和研究人员数和高校具有海外工作学习经历教师比例属于投入类指标。

胡卫等学者立足国家层面设计的教育现代化指标体系严格按照 CIPP 评估模式,从教育现代化的背景、投入、过程和质量四大模块展开。[①] 但在概念的操作化上存在问题,例如,把"教育布局、结构的合理程度"界定为"教育布局、结构以及多元办学格局适应我国社会、经济和人口的发展变化的情况"是准确的,但是把它作为"背景模块"处理,是不恰当的。当前,教育布局与结构调整是教育改革与发展的重要内容,实现教育布局与结构合理化是教育改革与发展的重要目标,因此,不应该把这个指标放到在"背景模块"中去。而师资队伍建设水平、教育信息化水平两个指标应该放在"投入模块"中而不是"过程模块"中。如果把师资队伍建设水平、教育信息化水平两个指标从过程模块中拿走,这个指标体系中的过程模块就显得比较空洞。

二 现有教育现代化评价指标体系框架的评述

(一)整体采用 CIPP 评估模式

每一个评价指标体系都是按照一定逻辑结构建构的,从而形成一定的构建模式。这种构建模式可能是外显的,也可能是内隐

[①] 胡卫、晓杰:《中国教育现代化进程研究》,教育科学出版社 2010 年版,第 81—84 页。

的；可能是明细的，也可能是模糊不清的。指标体系构建模式的形成受很多因素的影响，其中最主要的影响因素包括对评估活动的认识、对评估对象基本特征的认识、对评估目标的看法、对政府责任的理解等。

指标设计的共通之处主要表现为：均将政府经费投入、师资、教育信息化水平、教育资源配置与共享纳入"投入"；将教育普及水平、教育公平程度、国际化水平、教育质量提高（学生综合素质水平）作为教育内部发展成就纳入"产出"；将社会满意度、劳动力受教育水平作为教育发展的外部效益纳入"产出"。

指标体系的不同之处主要表现为：上海、江苏和广东将教育布局和结构的合理程度、各级各类教育的协调发展纳入"投入"，江苏将非义务教育阶段学校公共资源供给、教育体制与管理纳入"投入"，广东省将教育思想和战略规划、教育国际化纳入"投入"，上海将学习型城市建设水平纳入"产出"，江苏将学习办学水平、教育的服务能力纳入"产出"，广东将升学率与就业率、教育对县域社会发展的贡献力、教育特色纳入"产出"。

从指标体系的结构来看，上述指标体系都各有长短，设计思路不尽相同，但本质上均属于 CIPP 模式，广东和胡卫等学者的指标体系的设计思路明确是 CIPP 模式，上海、江苏、成都和陈国良等学者研发的指标体系本质上也是 CIPP 模式。通过对现有教育现代化指标体系的梳理发现，不管是学者研发的学术型指标还是教育行政部门用于评估的实践型指标，大多借鉴国际通用的 CIPP 模式，从教育背景、教育投入、教育过程和教育结果四个模块设计教育现代化指标。

第二章 教育现代化评价指标体系的理论建构

（二）结果类和投入类指标稳定，过程类指标薄弱，背景类指标亟待加强

各地指标体系框架设计均以国际上应用最普遍的"投入—过程—产出"为基本模式，但对这一模式的应用又各具特色，对各个环节的重视程度有所不同。从各模块的研究基础来说，上海指标体系主要集中于教育结果和教育投入两个模块，对教育背景和教育过程关注不够。广东、江苏、成都指标体系主要集中于投入、过程和结果三个模块，对背景模块涉及不多。陈国良等学者编制的指标体系主要关注教育投入和教育结果，过程类指标不多（仅有班额达标率和普通高中选修课比例），背景类指标几乎没有。胡卫等学者研发指标体系虽严格按照背景、过程、投入和结果四大模块设计，但由于存在指标归类不当，实质性背景和过程模块指标比较薄弱。中华人民共和国国际标准化指导性技术文件（GB/Z 19032—2009）明确提出"教育组织应当规定和管理有关培养目标、教育教学设计和开发、教学计划、教育教学实施以及实施和测量教育教学结果等过程。"因此，过程类指标覆盖课程、教与学过程、组织结构、责任以及保证教育教学质量所使用的资源等方面。而现有过程类指标大多集中于课程（高中选修课比例）和组织结构（班额达标率），对教学（教学方式改进）和组织责任（教育治理）等涉及不够。可见，投入类和结果类指标由于容易衡量，指标相对稳定，质量较高，过程类指标的设计普遍薄弱，背景类指标的设计严重缺乏。

（三）富有学理性的、县域层面的教育现代化指标体系亟待构建

从管理权限上来说，指标体系由国家层面、省域、县域和学

校层面之分。国家层面和省域层面的指标体系覆盖基础教育、职业教育、继续教育和高等教育等各级各类教育,而县域层面指标体系一般包括学前教育、小学教育、普通中等教育和中等职业教育、社区教育,以及不同层次和类型的社会教育、培训等,不涉及普通高等教育和高等职业教育,即县域指标体系涉及基础教育、职业教育和继续教育,但不涉及高等教育。在现有教育现代化指标体系中,陈国良、胡卫等学者均立足于国家层面,从国家教育发展出发设计教育现代化指标体系;江苏指标体系是立足江苏省,根据本省实际情况设计的省域层面教育现代化指标体系;上海指标体系由市级指标和区级两大部分;而县域层面的教育现代化指标体系仅有广东和成都两个,且广东的县域指标体系由于颁布较早,无法应对当前教育发展面临的新形势、新背景提出的新要求。另外,广东和成都两个县域教育现代化指标体系都是教育行政部门设计的便于教育行政监测的实践评估型指标,富有学理性的、县域层面的教育现代化指标体系亟须开发。

三 县域教育现代化指标体系的框架设计

上述几个指标体系代表目前我国教育现代化政策实践与学术研究的较高水平,为进一步的研究奠定了基础。

(一)采用 CIPP 评估模式作为整体框架

虽然教育现代化指标体系的一级指标稍有不同,但三级指标大同小异,因此,虽然个别教育现代化指标体系不是借鉴 CIPP 模式设计,绝大多数三级指标都可归到 CIPP 的某个模块。鉴于 CIPP 评估模式既可以清晰描述教育系统的过程,同时又突出了评价的发展性功能,整合了诊断性评价、形成性评价和终结性评价，提高了人们对评价活动的认可程度。此外，CIPP 模式可以分别表征每个模块的特征，使教育行政部门既可从整体上把握教育现代化的发展程度，也对教育保障、教育实践和教育实践等各模块开展专项评估。因此，县域教育现代化指标体系的研发也应采用 CIPP 的模式作为总体框架体系。

(二) 一级指标由教育投入、教育过程和教育结果构成

如上所述，在现有的指标体系中，结果类指标和投入类指标相对成熟，而过程性指标相对薄弱，背景类指标严重缺乏。那么需要考虑的一个问题是：过程类指标和背景类指标是否必需呢？CIPP 模式实质是借鉴经济学上的"投入—产出"模型，投入类指标相当于模型中的"投入"，结果类指标相当于模型中的"产出"，在"投入"与"产出"之间存在"黑箱"就是过程类指标，过程类指标既是投入类指标的充分利用的途径、方式，又是结果类指标高质量产出的重要保证，因此过程类指标必不可少。同时，过程类指标体系也是教育现代化指标体系建构下一步突破的重点。

改革开放以来，社会各方面发生了翻天覆地的变化，为教育发展提供了宽广的背景，比如说城镇化带来大量农民工进城，再比如说信息化、国际化、民主化、法制化等这些社会变革都对教育发展提出了新的挑战，也是县域教育现代化指标体系设计的社会背景。一般来说，在设计指标体系时，背景的体现有两种方式：一是单独作为一级指标直接体现，二是通过二级指标或三级指标间接反映。鉴于教育背景是教育发展的外在背景，不属于教育系统内部的要素，县域政府对教育背景的控制能力有限，作为考核县域教育的教育现代化指标体系，单独列出的现实意义不

— 83 —

大。另外，教育背景的影响都可通过教育过程、教育投入和教育结果间接体现，比如信息化，可以在课程教学、办学条件和学生素养等方面充分体现了信息技术对教育发展的影响。再比如国际化，可以在课程教学和师资队伍维度下间接反映教育国际化对课程资源和师资队伍提出的新要求。因此，本书没有将教育背景单独作为一个一级指标，教育现代化指标体系的框架由教育结果、教育过程和教育投入三部分组成。

（三）结果类和过程类指标优于投入类指标

在确定了教育现代化指标体系由教育过程、教育投入和教育结果三个部分组成后，需要考虑的一个问题是：在教育现代化的衡量中，三部分的重要程度是否并重？哪一个更重要？有学者指出，教育现代化评价指标应该重点突出，并提出依据与教育现代性关系的密切程度判断指标的重要程度。[①] 在现有的 6 个典型指标体系中，广东、上海、成都指标体系和胡卫等学者指标体系均设有核心指标。广东指标体系在 14 个二级指标中有 7 项为必达指标，具有一票否决意义，即必达指标达不到 A 级水平，县域教育就不能被评为"实现现代化"。上海指标体系根据指标的敏感性、重要性和国际通用性，分别确定了 10 项市级核心指标和 10 项县级核心指标，作为检测教育现代化程度的重要依据。成都指标体系在 33 项二级指标中设置 8 项作为核心指标，以便在监测时高度重视。胡卫等学者指标体系设置了 10 项全国核心指标、10 项省级核心指标，其中有 7 项同时是全国核心指标和省级核心指标。虽然江苏指标和陈国良等学者设计的指标体系没有设置核心指

---

① 褚宏启：《构建教育现代化指标体系的思考》，《中国高等教育》2013 年第 11 期。

第二章 教育现代化评价指标体系的理论建构

标,但指标体系也根据指标的重要程度,赋予不同的权重,以突出重要指标的地位。

如上所述,现有指标体系中四个设有核心指标。广东指标体系中的核心指标包括:人力资源、经费投入、办学条件、学生培养、教育质量、教育效益和教育公平,主要集中于教育投入、教育结果两个模块,同时突出社会广泛关注的教育公平。上海区县级指标体系中的核心指标包括财政性教育经费占政府财政支持比例、校舍建设达标学校的比例、学前与义务教育阶段专任教师学历达标率、中小学校园网连通率等教育投入类指标和义务教育完成率、学生学业水平、学生身心健康水平等教育结果类指标,同时在结果类指标中的社会教育网络基本形成和社会各界对学校教育的满意度纳入核心指标,体现了对继续教育的重视和社会对教育服务质量的回应。另外,核心指标还包括区县内学校合理布局程度这一过程类指标,反映对教育布局调整这一教育热点的重视。成都指标体系中核心指标主要集中在3—5岁幼儿毛入园率、义务教育巩固率、高中阶段毛入学率、学生体质健康指标等反映教育发展水平和学生体质健康合格率等教育结果类指标和依法实现教育经费"三个增长"并使财政性教育经费占政府财政支出比例达到要求、教师学历提高比例、班额等教育投入类指标,同时关注义务教育校际均衡等公平指标。胡卫等学者指标体系设置了全国核心指标和省级核心指标,其中,中小学生师比、中小学建网率、高等教育中外国留学生比例、成人接受继续教育和培训的比例、初中阶段毛入学率和6岁及6岁以上人口平均受教育年限等同时隶属全国和省级核心指标,另外,全国核心指标还包括财政性教育经费占GDP比例、高中阶段毛入学率和高等教育毛入学率；省级核心指标包括预算内教育经费占政府财政支出比例、高校专任教师研究生学历所占比例和中小学生师比。虽然不同地区、不同层面的核心指标稍有不同，但核心指标均集中于教育结果和教育投入两个模块，同时关注教育公平、教育均衡等亟待解决的教育热点问题。

综观已有的社会发展评价、教育发展评价、教育现代化评价的指标体系，结果评价都是关键内容，甚至是主要内容。教育现代化的实现程度也主要看教育结果类指标的实现程度。教育结果评价实质上是对教育现代化目标实现程度的评价，即对教育现代化促进人的现代化和社会的现代化贡献的评价。[①]

[①] 褚宏启：《教育现代化的本质与评价——我们需要什么样的教育现代化？》，《教育研究》2013年第11期。

第三章 教育结果评价指标体系研究

教育结果评价是教育现代化评价的重要组成部分。之所以对教育结果进行评价，主要是基于以下几点考虑。

一方面，教育结果是教育发展的最终体现，对教育结果的评价可以间接考察教育投入和教育过程的有效性。其一，对一个地区教育发展水平进行评价时，主要看这一地区的教育结果怎么样。教育过程、教育投入都是为了教育结果的产出，教育结果是教育发展的终极目标。其二，教育结果评价，不仅可以评价教育结果本身，还可以对教育过程、教育投入进行评价和测量，检验教育过程和教育投入的效果。另外，现有的评价也大都关注结果的评价。通过对现有的指标体系的分析发现，不管是社会发展评价指标体系，教育发展评价指标体系，还是教育现代化评价指标体系，都将结果评价作为关键内容。现有指标体系中，有未涉及教育背景的，有未涉及教育过程的，但没有哪一个指标体系不关注教育结果。

另一方面，教育结果评价是推动中小学教育质量评价改革的重要动力。教育质量评价是教育综合改革的关键环节，具有重要的导向作用。推进中小学教育质量综合评价改革，是推动中小学全面贯彻党的教育方针、全面实施素质教育、落实立德树人根本任务的重要举措，是引导社会和家长树立科学的教育质量观、营造良好育人环境的迫切需要，是基本实现教育现代化、加强和改进教育宏观管理的必然要求。改革开放特别是21世纪以来，随着基础教育课程改革的实施，各地在改进中小学教育质量评价方面进行了积极探索，取得了一些进展。但总体上看，由于教育内外部多方面的原因，单纯以学生学业考试成绩和学校升学率评价中小学教育质量的倾向还没有得到根本扭转，突出表现为：在评价内容上重考试分数忽视学生综合素质和个性发展，在评价方式上重最终结果忽视学校进步和努力程度，在评价结果使用上重甄别证明忽视诊断和改进。这些问题严重影响了学生的全面发展、健康成长，制约了学生社会责任感、创新精神和实践能力的培养。要解决这些突出问题，适应经济社会和教育事业发展的新形势新要求，必须大力推进中小学教育质量综合评价改革。

因此，教育结果是教育现代化的重要标志和基本功能，它反映各级各类教育的主要成就和质量状况。基于此，教育现代化的实现程度也应主要看教育结果指标的实现程度。

既然要对教育结果进行评价，那么，应当如何理解教育结果？教育结果具体包括哪些内容，从哪几个维度加以考察？如何测量教育结果？这些都是在构建教育结果评价指标之前需要思考的问题。

第一节 教育结果评价指标框架的设计

一 教育结果的再认识

在对教育结果评价之前，首先需要对教育结果的内涵和外延

第三章 教育结果评价指标体系研究

有一个明确而清晰的理解。公平有质量的教育是现代教育的价值追求。高质量的教育是指学生发展达到较高水平，公平的教育是指教育发展的均衡和教育机会的均等。

在学生综合素质评价方面，受传统文化和现实市场竞争的影响，社会上习惯于把考试成绩和升学率作为评价学生学习好坏和学校质量的唯一标准。当今社会竞争激烈，功利之风大有愈演愈烈之势，"望子成龙""望女成凤"，家长关注的是孩子是否考出好分数，是否拿到好名次，是否考上好大学，是否找到好工作，至于孩子的身心是否健康、综合素质是否得到了全面发展，反而被一些家长有意无意地忽视。① 由此，教育被功利裹挟，承载了诸多本不应承载的东西，一些学生的身心因此而扭曲。教育系统内部对教育质量的评价，也往往会顺着传统惯性，熟练于分析和利用考试成绩来引导教学工作，唯分数指标至上，忽视学生的全面发展；评价方式简单，缺乏对学生的真实观照；结果功能单一，难以实现教学过程的改进。② 这些问题存在的根本原因在于把学业成绩作为教育教学根本的、唯一的目的，把对学生的加压变成实现这一目的的主要手段，造成教育价值观的偏移。③ 这种以分数为目标中心、以效率为中心的功利的教育取向亟须转变。为此，必须回归教育的本原，在教育价值取向上，从过度追求现实功利转向追求教育对人的发展的价值；在教育质量评价上，从过度注重学科知识成绩转向全面发展的评价。

---

① 陈卫东：《"学生泼老师"警醒了什么》，《中国教育报》2014年11月17日第1版。
② 尹后庆：《评价改革：先行先试先获利——上海市"绿色指标"综合评价改革透视》，《中国教育报》2014年3月4日第7版。
③ 联合国教科文组织：《教育——财富蕴藏其中》，教育科学出版社1996年版，第75页。

"有质量的教育"是每个国家和地区对教育的基本要求,但对于究竟什么是高质量的教育,却是众说纷纭。当前由于缺乏全面、科学的评价指标,考试分数是学校、家长和教育部门评价学校、教师和学生最重要的指标,这些原本承担选拔功能的高利害性考试被异化为对基础教育实践的"指挥棒",阻碍了素质教育的推行,影响了学生的身心健康。教育行政部门要通过向社会公布综合评价结果,引导社会树立全面的教育质量观,逐步扭转"唯分数论",促进学生身心健康和全面发展。[①] 教育本是充满爱心和情感的事业,但现实中,学校以狭窄的应试为目的,使之异化为简单的灌输和反复的操练,学生为此付出的沉重代价是快乐、情感和责任心的缺失。

工业社会的最大特点是批量标准化生产,反映在教学模式、教育观念上,在培养人的同时,会限制人的发展,限制人的潜能的开发。现实中,衡水中学、毛坦厂中学等"超级中学"的标准化生产就是典型的反面教材。创新的关键是思想要自由,没有自由就没有发展,没有教育自由就没有教育发展,就培养不出具有独立自主敢作敢为的精神的现代学生。没有自由,没有怀疑就没有创新。用1998年诺贝尔经济学奖得主阿玛蒂亚·森(Amartya Sen)的论断来说:"扩展人类自由既是发展的主要目的,又是它的主要手段。"现代教育要让每个人的潜能得到充分开发,使每个人的个性得以发展。

教育质量是教育价值的直接体现。学生发展绝不仅仅是学生智力方面的发展,绝不仅是学业成绩或学业分数,至少具有以下

---

① 辛涛:《评价结果怎么用才科学?》,《中国教育报》2014年3月4日第6版。

第三章　教育结果评价指标体系研究

三方面内涵：首先，是一个构成性概念，指学生学业表现、品德行为、身心健康等诸多领域的发展水平，这是学习结果的结构化呈现，反映教育的宗旨和目标；其次，是一个关联性概念，包括影响学生发展的个体、教师、校长、家庭等各方面的相关因素，涉及教育的效益；最后，是一个发展性概念，要体现学生群体发展均衡性、连续性，反映个体差异，体现教育公平。[1] 可见，学生质量观，以关注学生健康成长为核心价值追求，同时体现发展性与均衡性的双重要求，不仅反映学业质量的客观水平，还多方面考察教育公平。

总之，优质教育不只是给学生一个"好分数"，优质教育是能够促进学生的全面发展、个性发展、自主发展、可持续发展的教育。教育的优质性要求从学生的视角、从长远的视角去思考问题，深入思考什么是学生的根本利益、长远利益，教育应该形成学生的哪些素质，使其能一生幸福、能适应复杂多变的现代社会。要站在社会和时代发展的角度来看教育、做教育。教育是一项长久的事业，只把目光放在当下是不行的，需要我们负起民族发展的重任，要把教育目标指向未来。实质上就是要思考人的现代化和社会现代化对于人的素质的要求，并在确定"教育质量"的内涵与外延时，充分反映这些要求。这样，教育培养出来的人才能适应社会发展的需要，以及自身发展的需要。

因此，需要充分利用情感，激发学生主动学习的驱动力，同时又通过儿童道德情感、审美情感的培养，提高人的素质，从根本上颠覆了长期以来重知识灌输，忽视情感培养的唯理性教学

---

[1] 尹后庆：《评价改革：先行先试先获利——上海市"绿色指标"综合评价改革透视》，《中国教育报》2014年3月4日第7版。

传统。① 揠苗助长式的说教不但于事无补，反而会使孩子更逆反。教育是等待，是等待花开的声音，等待孩子慢慢成长。我们能做的是创造条件，给他们创造"撞南墙"的机会，让他们在尝试错误中成长。

二 教育结果评价指标的框架

应当如何理解教育现代化的结果呢？教育现代化的目的是促进人的现代化和社会的现代化。对人的现代化来说，主要是指培养现代学生，提高学生综合素质水平，这是教育现代化的直接结果，属于微观层面的教育结果。对社会现代化来说，教育对社会现代化的作用也是通过培养人来实现的，比如教育促进经济发展是通过培养与产业结构和就业结构相适应的一定数量和结构的人才来满足经济需要的，教育促进政治发展是通过培养人的民主素养来实现的，这是教育现代化的间接结果，属于宏观层面的教育结果。由于教育对社会现代化的作用可以通过培养人来实现，人的素质结构也能较好地体现出教育现代化服务于社会现代化的程度，因此我们对教育现代化现代化的评价主要关注人的现代化。

对人的现代化而言，教育结果是指学习者经过一段学习经历后获得的结果以及影响。在内涵理解上，教育结果有两个类似的概念：教育产出和教育影响。其中，教育产出是指教育的直接结果，比如学生成绩、学位的获得、能力的提高、素养的增长等。而教育影响是教育的间接结果，比如在个人层面上，教育带来个人收入的增加、健康状况的改善等，在社会层面上，教育带来经

---

① 王灿明：《情境教育：基础教育的新方向》，《光明日报》2014年11月18日第14版。

济的快速增长、民主程度的提高等。

Schalock 将教育结果的具体形式分为产品、事件和条件三种。其中，产品是指通过接受教育获得的实体，比如收入、学位等；事件是指可观察的行为，比如完成一个任务，参加研讨会等；条件指通过学习获得的成就水平，情感态度价值观的增长等。[①] 根据这一划分，基础教育领域的教育结果主要体现在教育条件的获得上，具体包括学生的学业成就水平、思想道德水平、体育健康技能，心理素质水平、审美意识和劳动技能等，实际上就是我们常说的"五育"。这是基于学习者个体教育结果的考察，而我们常用的"升学率""巩固率""完成率"则是基于学校或社会层面对教育结果的评价。

另外，现代学生的培养和各级各类教育发展的前提全体适龄儿童青少年有机会接受教育，因此从教育公平的角度出发，教育发展水平应覆盖到全体适龄学生，故而将教育机会均等单列，以考察随迁子女、残疾青少年和家庭经济困难等特殊群体的教育机会均等情况。基于此，我们从学生综合素质水平、教育发展水平和教育机会水平三个维度考察教育结果。

第二节　学生综合素质水平评价指标研究

建立教育指标体系的根本目标是了解教育发展现状、评价教育发展绩效、分析教育发展趋势，为制定教育发展规划和政策选

[①] 辛涛、黄宁：《教育公平的终极目标：教育结果公平——对教育结果公平的重新定义》，《教育研究》2009 年第 8 期。

择提供科学依据。因此，教育指标不仅要有反映教育发展的数量、规模的指标，还要有体现教育发展质量的指标，只有这样才能科学全面地反映出教育发展的实际水平。如前所述，教育现代化的评价主要看教育结果的评价，教育结果的评价主要看学生的发展情况。实施学生综合素质水平评价，对于调控和规范中小学教学行为，推进素质教育具有重要意义。

一　学生综合素质水平框架的设计

学生综合素质框架的确定要综合考虑学生全面发展的理论、现实存在的问题和当前的政策。学生发展中存在什么问题？现有指标体系中是如何评价学生综合素质的？科学、合理的学生综合素质评价的框架是怎么样的？

（一）学生发展存在的问题

就现实问题而言，目前学生发展存在片面追求学生学业成绩，忽视身体健康，对情感态度价值观关注不够的问题。具体来说有以下几方面。

其一，学生学业评价过于功利化，忽视了个体成长的意义。在应试教育的背景下，学生学习主要是为了获得"高分数"，为了"拿奖"等外在的结果而疲于奔命，忽视了学生生命成长的意义。虽然学生也许会取得优良的成绩，但这算不上真正的学业，因为他们没有真正体验过学习与成长的快乐；虽然读了多年书，但没有真正找到读书的乐趣，因为他们没有体验到读书带来的自我生命的充实与愉悦。

其二，中小学生身体素质亟待提高。以近视率和肥胖率为例。视力不良和近视历来是我国学校卫生的老大难问题。教育

第三章 教育结果评价指标体系研究

部、国家体育总局等多部门组织的 2010 年全国学生体质健康的大型调研结果显示，各学段视力不良检出率继续上升，并出现低龄化倾向。从纵向来看，与 2005 年相比，小学生、初中生、高中生和大学生的视力不良检出率分别增加 9.22 个、9.26 个、3.18 个、2.04 个百分点。从各学段来看，2010 年，小学生、初中生、高中生和大学生的视力不良检出率分别为 40.89%、67.33%、79.20% 和 82.68%，整体来说，随着学段的增加，学生的视力不良检出率逐步增加，但小学到初中阶段增加幅度最大，这可能与小升初学生课业负担过重有关。[①] 有调研显示，学生视力不良的状况仍在继续恶化，而且突出表现为：视力不良和近视发病早期化；有较大比例的青少年患者在青春期进展快速，度数增加快；乡村学生的视力不良率正在迅速赶超城市水平；各级学校卫生行政主管和业务人员指导不力，防治近视工作无人管。必须将防治近视工作提高到保障儿童青少年的生活质量高度来认识，切实加强领导，建立和完善专家咨询队伍，制定中远期防治规划，并将防治近视列为学生常见病的重点工作。[②] 另外，肥胖问题也是我国学校卫生工作的突出问题。2010 年全国学生体质健康的调研结果同时显示，学生肥胖和超重检出率继续增加。7—22 岁城市男生、城市女生、乡村男生、乡村女生肥胖检出率分别为 13.33%、5.64%、7.83%、3.78%，比 2005 年分别增加 1.94 个、0.63 个、2.76 个、1.15 个百分点；超重检出率分别为 14.81%、9.92%、

[①] 教育部：《教育部关于 2010 年全国学生体质与健康调研结果公告》，http://www.moe.edu.cn/publicfiles/business/htmlfiles/moe/s5948/201109/124202.html，2011 - 08 - 29/2014 - 12 - 23。

[②] 中国学生体质与健康研究组：《2005 年中国学生体质与健康调研报告》，高等教育出版社 2007 年版，第 108 页。

10.79%、8.03%,比 2005 年分别增加 1.56 个、1.20 个、2.59 个、3.42 个百分点。① 导致肥胖问题的主要原因除了营养过剩,更与伴随生活现代化而产生的体力活动不足等有关。培养全面发展的人早已成为我国教育发展的重要目标。教育不可能把每个人都培养成完美无缺的人,但却能让人身心协调发展。诚如英国哲学家洛克所言,"让健全的理智寓于健康的体魄之中"。

其三,情感态度价值观亟待加强。我们经常可以听到这样的抱怨:我们今天的教育正越来越多地培养"有知识而无文化""有文化而无教养"的人,培养的更多的是"精致的利己主义者"。这种说法虽然有失偏颇,但其中确实折射出今日学校教育的某种困境,那就是我们在造就越来越多的知识丰富、智力优秀的年轻人之时,却并没有寄予他们以相应的文化影响,没有关注学生的情感态度价值观的发展。知识更多地以一种显在的方式教学,更多地关乎思维,文化的影响则更多的是一种悄无声息的浸润,文化影响的获致则关乎整个人的存在,首当其冲关乎人的心灵。教育的过程与文化的过程同构,教育的过程就是把人类文化中所蕴含的对美好事物的欲求转化成正在成长中的青少年个体内心之中对美好事物的生动欲求。

学校教育的形式不断发生变化,但人类欲求美好事物的心灵不变,学校教育以唤起个体对美好事物的欲求作为教育的根本目的不变,优良的教育就是如何给予个体美好事物的经历。点燃人的内心,才是学校教育的灵魂之所在。可能就是因为学校教育有

---

① 教育部:《教育部关于 2010 年全国学生体质与健康调研结果公告》,http://www.moe.edu.cn/publicfiles/business/htmlfiles/moe/s5948/201109/124202.html,2011 - 08 - 29/2014 - 12 - 23。

形无形中的一个充满激励的行动,唤起了某个学生内心的转变,从而唤起他整体生命姿态的转变,由此而获得个体人生转变的契机。好的学校教育,一定是当下就能感觉到好的教育,也就是个体能从中获得美好事物体验的教育。好的学校教育意味着唤起美好事物的欲求于当下,好的事物在当下,在此时此地,向着个体涌现,使得个体成为向着好的事物开启的存在,成为欲求着美好事物的存在。好的学校教育,让当下的孩子找到自我生命的尊严与作为儿童存在的幸福感。好的学校教育不仅直接影响着当下,确切地说,还直接构建着个体当下的美好生存,同时作为结果指向未来,指向个体完整人格的生成。换言之,好的学校教育总是意味着个体越来越多地欲求美好事物,引领着个体积极向上的人生。既然如此,给予我们的孩子以美好事物的经历,正是今日中国学校教育的灵魂与使命之所在。

(二)学生综合素质评价指标述评

通过对现有典型指标体系中学生综合素质方面的指标进行简单介绍和深入评议,为学生综合素质指标的设计奠定研究基础。

广东指标体系中与学生发展相关的指标是学校教学水平与学生素质,只是用"学生综合素质评价总体高"笼统概括,具体采用什么指标来衡量教学水平与学生素质,没有给出明确的说明。

成都指标体系中学生发展水平相关指标包括学生学业水平和学生体质健康合格率2项,其中,学生学业水平通过义务教育学业质量监测结果确定。学生体质健康合格率通过学生体质健康合格总人数与在校生总数的比例。可见,成都指标体系主要从学业成就和体质健康两个方面来衡量学生发展水平。

胡卫等学者研发的指标体系中学生发展水平相关的有学生道

德素养水平、学生学业水平和学生体质健康总体达标率3项指标。其中，道德素养水平，主要反映学生在道德行为习惯、道德观念与道德判断能力方面的养成状况。学生学业水平，主要反映中小学生的阅读、数学与人文素养。学生体质健康总体达标率，主要反映学生体质健康状况。[①] 该指标体系从道德素养、学业水平和体质健康三方面来衡量学生综合素质。

陈国良等学者设计的指标体系中与学生发展水平相关指标包括学生学业成就水平、德育艺术实践课程开设水平、学生体质健康水平。其中，学生学业成就水平是15岁在校学生在阅读、数学、科学素养上的表现水平，用来反映学校教育质量水平，衡量教育办学效率和产出效益。德育艺术实践课程开设水平，用来衡量学生的德育水平和学校德育教育质量，是学生综合素质的重要内容。学生体质健康水平用学生体质健康优良率来表示。显然，该指标体系除了从道德素养、学业成就和体质健康三方面来衡量学生综合素质，还对学生艺术、实践活动等方面活动进行了考查。鉴于学生品德素养比较难测量，这里用课程开设情况这一过程性指标代替结果性指标，但课程开设不能代表学生实际的道德素养水平。另外，课程开设情况，包括是否开齐开足，多样性是否满足学生的需求等应放到过程模块。

江苏指标体系中学生发展相关指标包括思想品德与心理健康、学业合格率和体质健康测试合格率。其中，思想品德与心理健康，反映学生思想品德素养和心理健康水平，属于定性指标。学业合格率，反映学生学业基本水平，是指学生学业合格的学生

---

① 胡卫、唐晓杰：《中国教育现代化进程研究》，教育科学出版社2010年版，第81—84页。

数与学生总数的百分比。基础教育阶段学生学业合格率依据中小学学业质量分析测试成绩计算，职业院校学生学业合格率依据学校考试成绩或全省统一学业水平测试成绩计算。体质健康测试合格率，反映学生体质健康程度，是指各级各类学校学生参照《国家学生体质健康标准》，体质健康测试合格的学生数与学生总数的百分比。可以看出，该指标体系除了反映学生品德、学业和体质情况外，还增加了对学生思想和心理健康的考察。

上海指标体系中将学生发展视为综合素质水平，反映学生全面而有个性发展的程度。具体指标包括学生学业水平、学生思想道德水平和学生身心健康水平。其中，学生学业水平，主要反映中小学生的数学、科学、阅读素养水平，通过中考和会考反映。学生思想道德水平，反映学生在道德行为习惯、道德观念与道德判断能力方面的养成情况，以及学生参与社会公益活动的状况。中小学生以行为规范的养成为主，如诚实守信、礼貌自律、孝敬父母、遵规守纪等。学生身心健康水平，主要反映学生的心理与体质健康状况，具体通过学生体质健康达标率反映。可以看出，上海指标体系除涵盖学业水平、道德水平和体质健康外，还包括思想和心理健康两方面的内容。

关于学生综合素质水平方面的指标设置，各地的监测角度不尽相同。上海市从全面发展的角度出发，关注的是学生综合素质水平，不仅有学业水平，还有思想道德水平和身心健康水平。江苏省除学生综合素质外，还设计了"学校办学水平"这一维度。对于"学生综合素质"，与上海类似，但其学业水平是用学业合格率（其中：中高等职业院校毕业生双证书获取率）来体现的，主要是基线水平作为评价参照系，其中对职业学校毕业生的要求又相对有所提高，关注其职业技能的学习水平。对于"学校办学水平"，其中"达到省定优秀标准的各级各类学校比例"这一指标因其易于操作而值得借鉴。浙江省一方面包含了常规的教学质量监测维度；另一方面还涉及教育评价机制的建立健全，而这种评价机制包括对学生综合素质、教师专业发展和学校发展的评价；此外，还从育人为本的角度提出要监测学校的教学安排，强化了对学生智育之外的其他素质的培养以及对减负和开齐课程的关注。与上述相比，广东省的教育质量指标一是加入了升学率与就业率这种体现教育效果的指标；二是加入了"教育特色"指标，这一指标虽有新意，但不易监测。

（三）学生综合素质框架的确定

教育质量评价是世界性难题。相对来说，我国的教育质量评价起步比较晚，专业力量不足，实践经验较少，但对学生的全面发展健康成长非常重要。在实践层面，现有指标体系大多围绕学生道德水平、学业成就和体质健康三个方面反映学生发展水平。涉及具体指标，各个指标体系稍有不同。广东指标体系对学生发展笼而统之，成都指标体系涵盖智育和体育两块，胡卫等学者和陈国良等学者指标体系均从德智体三方面进行考察，江苏和上海指标体系除德智体外，还考察了学生思想和心理健康情况。

在政策层面，2013年6月，教育部印发了《关于推进中小学教育质量综合评价改革的意见》，就推进中小学教育质量综合评价改革进行了系统设计、全面部署。该文件中的《中小学教育质量综合评价指标框架（试行）》提出将学生发展的5个方面20个关键性指标作为评价学校教育质量的主要内容。其中一级和二级指标具体情况是：品德发展水平，主要包括行为习惯、公民素

第三章 教育结果评价指标体系研究

养、人格品质、理想信念等关键性指标；学业发展水平，主要包括知识技能、学科思想方法、实践能力、创新意识等关键性指标；身心发展水平，主要包括身体形态技能、健康生活方式、审美修养、人际沟通、情绪行为调控等关键性指标；兴趣特长养成，主要包括好奇心求知欲、爱好特长、潜能发展等关键性指标；学业负担状况，主要包括学习时间、课业质量、课业难度、学习压力等关键性指标。可见，学生综合素质评价框架从德智体三方面评价教育质量，体现了学生评价的全面性，在关注学业成绩的同时，还增加了兴趣特长和学业负担的考察，充分体现了对基础素养、成长过程的关注。

那么，这两类指标是否应该纳入教育现代化指标体系呢？如果纳入，是否需要单独作为一个指标呈现？从某种意义上说，学业负担与学生学业发展水平息息相关，学生学业发展水平广义上反映了学业负担情况，因此我们将学业负担情况与学业发展水平合并为"学生学业成就水平"；对于兴趣特长而言，鉴于教育部专门提出"体育艺术 2+1"，将体育特长和艺术素质并列，这里也将兴趣特长与学生体质情况合并为"学生体育艺术素养水平"。

另外，学生思想和心理健康是否需要纳入教育现代化指标体系，如何纳入，到底应该与道德素养并列，还是与体质健康并列呢？在理论层面，"心理健康"和"思想品德"都属于"德育"；在技术层面，考虑到国家对学生体质健康标准有明文的政策文本规定，而对心理健康、思想品德暂时没有统一量化指标，为了便于处理，此处将"心理健康"与"思想品德"合并为"学生品德心理素养水平"。

因此，我们从"学生品德心理素养水平""学生学业成就水平"和"学生体育艺术素养水平"三个维度考察学生综合素质水平。

二 学生综合素质指标的测量和参照系

确定了学生综合素质水平指标，那么如何测量学生综合素质水平的高低呢？基本实现教育现代化时各指标的目标值是什么？

(一) 学生品德心理素养水平

学生品德的测量是学生综合素质测量的一个难点。对品德的评价有两种方式：量化评价和质性评价，二者各有其优缺点。量化评价主要是通过量表进行聚类分析对学生品德进行评价。这种方法具有以下优点：第一，通过聚类分析可以直接有效地测量学生品德发展情况，具有一定的科学性和公正性；第二，便于操作和实施。同时具有以下缺点：第一，只关注学生行为习惯等行为而不关注学生道德认知和道德情感的发展，实质上仍然沿袭了传统德育的思维和弊端；第二，聚类分析结果的可靠性还要依靠经验和其他其他方法加以验证；第三，对量表的设计要求比较高，在信度和效度上可能无法保证；第四，学生的日常行为纳入规范之下，营造有秩序的纪律氛围，很容易造成压制学校的自由气息。而质性评价主要是通过优良差等级评价或档案袋评价的方式对学生品德进行评价。这种方法的优点是它体现了人文主义的价值取向，与教育现代化的精神相符，同时也便于操作；但也有认为优良差的等级评价本身就是用一种不道德的方式进行道德管理。

虽然品德质性评价方法的运用还不成熟的情况下，鉴于操作

第三章 教育结果评价指标体系研究

的便利性和实施的现实性，根据教育现代化的要求，我们建议超越德育评价的纯量化倾向，采用优良差等级评价和档案袋评价来评价学生品德发展情况。另外，学生心理健康的测量主要借鉴相关成熟量表测量。就基本实现现代化时学生品德与心理素养的目标而言，根据经验我们将优秀率定为15%，良好率定为75%。

(二) 学生学业成就水平

学生学业成就水平的衡量有两种方案：一是借鉴国际PISA测试，测量主要学科的学科素养；二是采用主要学科成绩的"二率一平"，即优秀率、良好率、及格率和平均分。

陈国良、上海和胡卫均采用学生的科学、数学和阅读素养；江苏采用学业合格率，成都则通过学业质量监测结果来衡量，广东没有给出明确指标。可以看出，学生学业发展具体采用哪些指标来衡量，尚无一致的意见。江苏指标最容易统计，但不能全面衡量学生发展，也不能衡量学生发展的差异性；上海指标体系、陈国良等学者指标体系和胡卫等学者指标体系与国际PISA指标一致，相对来说较全面、合理，但尚无成熟的监测工具。就学科素养而言，学科素养是国际上大型测试时教育质量的替代指标。例如，欧盟将PISA成绩作为教育质量监测的5个基准之一。PISA测试可以科学反映学生的阅读、数学和科学素养水平。但学科素养的测试工具的开发是一个难点，测试工具的信度、效度难以保证。

需要指出的是阅读素养的测量非常重要。从世界范围来看，许多发达国家都将推动全民阅读视为提升国家综合实力的核心要素之一，并以政府立法推动全民阅读，取得显著成效。如美国的《卓越阅读法》（1998）、《不让一个孩子落后法案》（2002），日本的《关于推进儿童读书活动的法律》（2001），韩国的《读书振兴法》（1994），俄罗斯的《民族阅读大纲》（2007）等，都着眼于民族和国家的文化未来，以立法的形式促进国民阅读能力的提高与积累。在中国，全面阅读立法工作也在稳步推进。在国家层面，2012年11月，党的十八大报告历史性地写入"开展全民阅读活动"，标志着全民阅读已经成为党中央的一项重要战略部署；2014年3月，政府工作报告提出"倡导全民阅读"，对进一步开展全民阅读活动提出了新的要求；此外，《国家"十二五"时期文化改革发展规划纲要》《国家基本公共服务体系"十二五"规划》等，也多次对倡导和开展全民阅读活动提出明确要求。《全民阅读促进条例》已经于连续两年（2013年、2014年）列入国务院立法工作计划。在地方层面，湖北、深圳、江苏等省市全民阅读立法的工作进程不断加快。《湖北省全民阅读促进办法》已于2014年11月24日由湖北省人民政府常务会议审议通过及公布，并将自2015年3月1日起施行；深圳起草了《深圳经济特区全民阅读促进条例》，并提交深圳市人大常委会审议。从2015年1月1日起，我国首部地方全民阅读法规《江苏省人民代表大会常务委员会关于促进全民阅读的决定》，开始在江苏省正式实施。该《决定》明确提出"将促进全民阅读工作作为江苏基本实现现代化指标体系考核"。提出"要制定儿童早期阅读推广计划，鼓励创作生产有利于未成人健康成长的阅读内容；要求重点保障农村留守儿童、进城务工人员及其子女等特殊群体的基本阅读需求"。江苏省率先推出我国首部地方全民阅读法规，填补了我国地方全民阅读立法工作的空白，积极探索出了全民阅读立法工作的成功经验，将有力推动其他省市的全民阅读立法工作，也为国家层面的全民阅读立法工作提供了重要参考。虽然阅读素养非常重要，但较难实施。同时对阅读概念也不易界定，是作狭义还是宽泛的理解？阅读介质与范围是限于纸媒还是包括数媒？纸媒的话，是限于出版物还是再宽一些？基于这些问题，本书暂不把阅读素养纳入教育现代化评价指标体系。

现实中常用的衡量学生学业成就的还有"三率一平"，即优秀率、良好率、及格率和平均分。从指标的可测量来说，可采用"三率一平"来衡量学生发展，但同时也要借鉴国际 PISA 测试，着手设计学生的科学、数学和阅读素养量表，在不久的将来用来衡量中国学生的综合发展。

需要说明的是，PISA 素养测试更能体现学生评价的科学性，而"三率一平"虽不是最科学的，但它是在现实环境下，最能体现公平的。学生综合素质的评价，实际上是在科学与公平之间做出艰难的平衡，而学生评价不可能有最理想的方案，只可能选择最恰当的方案，如何在确保公平的前提下，让衡量人的尺子更为科学，其难度与复杂程度超乎寻常。就"三率一平"而言，优秀率、良好率、及格率和平均分是学生学业评价中常用的指标，数据易于获取。本书采用"三率一平"来表征学生学业成就水平。就基本实现现代化时，学业成就水平的目标值来讲，初步将优秀率定为15%，良好率定为75%，及格率定为100%，平均分定为80分。

（三）学生体质艺术素养水平

学生体质艺术素养的测量有两种方案：一是学生体质健康优良率，二是体育艺术2+1达标率。就现有指标体系而言，陈国良采用学生体质健康优良率，上海、胡卫采用学生体质健康达标率，江苏、成都采用学生素质合格率，实际上达标率与合格率是同一回事，可见，大多采用学生体质健康达标率来衡量学生体质状况。

就学生体质健康优良率而言，《教育部关于印发〈学生体质健康监测评价办法〉等三个文件的通知》（教体艺〔2014〕3号）提出"要将学生体质健康监测评价纳入教育现代化指标体系"《国家学生体质健康标准》对学生的体质提出基本要求，有详细的测量指标和测量标准，同时该工作是一项县域教育部门必须完成的工作，不会增加新的负担。

就体育艺术2+1达标率而言，《"体育、艺术2+1项目"实施方案（试行）》（教体厅函〔2014〕33号）提出"通过学校的课内外体育教育和艺术教育活动，让每个学生都能较好地掌握两项运动技能和一项艺术技能"。为贯彻《教育规划纲要》关于"坚持全面发展，全面加强和改进德育、智育、体育、美育"的要求，全面实施素质教育，提高学生运动能力和艺术素养，促进学生健康成长和全面发展，进一步创新人才培养机制体制。2011年4月26日，教育部发布了《关于在义务教育阶段中小学实施"体育、艺术2+1项目"的通知》，要求通过学习组织的课内外体育、艺术教育的教学和活动，让每个学生至少学习掌握两项体育运动技能和一项艺术特长，为学生的终身发展奠定良好的基础。《国务院办公厅转发教育部等部门关于进一步加强学校体育工作若干意见的通知》（国办发〔2012〕53号）提出"着力培养学生的体育爱好、运动兴趣和技能特长，大力培养学生的意志品质、合作精神和交往能力，使学生掌握科学锻炼的基础知识、基本技能和有效方法，每个学生学会至少两项终身受益的体育锻炼

第三章　教育结果评价指标体系研究

项目,养成良好体育锻炼习惯和健康生活方式"。

一般来说,仅仅用合格率无法说明现代学生的体质健康状况,无法衡量学生健康发展的差异性,无法衡量学生体质的现代化。因此,我们建议,借鉴学业发展的三率,在采用学生体质健康合格率的同时,增加优秀率、良好率。另外,由于学生课业负担过重,学生近视现象严重,可以考虑增加近视率作为辅助指标。但有专家指出,教育行政部分对学生近视率的降低的可能的努力有限,因此不建议将其纳入教育现代化指标体系。不管是学生体质健康优良率还是体育艺术 2+1 达标率,都有相关的政策依据,具有详细的测量项目和测量标准,同时也是地方教育部门的例行工作,便于数据收集。因此,本书拟同时采用两项指标衡量学生体育艺术素养。

那么,学生体质艺术素养达到什么样的目标值就算基本实现教育现代化?就学生体质健康优良率而言,《教育部关于印发〈学生体质健康监测评价办法〉等三个文件的通知》(教体艺〔2014〕3号)提出"有95%以上的学生达到《国家学生体质健康标准》合格以上等级""有40%以上的学生达到《国家学生体质健康标准》良好以上等级,并逐年增长"。在本书中,我们将学生体质健康优良率的基本实现值定为40%。

就体育艺术 2+1 达标率而言,《"体育、艺术 2+1 项目"实施方案(试行)》(教体厅函〔2014〕33号)提出"通过学校的课内外体育教育和艺术教育活动,让每个学生都能较好地掌握两项运动技能和一项艺术技能"。《国务院办公厅转发教育部等部门关于进一步加强学校体育工作若干意见的通知》(国办发〔2012〕53号)提出"着力培养学生的体育爱好、运动兴趣和技能特长,大力培养学生的意志品质、合作精神和交往能力,使学生掌握科学锻炼的基础知识、基本技能和有效方法,每个学生学会至少两项终身受益的体育锻炼项目,养成良好体育锻炼习惯和健康生活方式。"《教育部关于印发〈学生体质健康监测评价办法〉等三个文件的通知》(教体艺〔2014〕3号)提出"开展体育、艺术2+1项目,有85%以上的学生掌握至少2项日常锻炼的体育技能"。在本书中,我们将体育艺术2+1技能达标率定为85%。

第三节 教育发展水平评价指标研究

在对现有指标体系有关教育发展水平评价指标回顾的基础上,根据教育现代性的要求提出教育发展水平指标的设计框架。鉴于教育发展水平相关指标大多是各级各类入学率,这些指标的测量具有共性,因此,对相关指标的测量和目标值集中论述。

一 教育发展水平框架的设计

(一)教育发展存在的问题

进入21世纪以来,义务教育普及程度不断提高,到2011年底全国所有县级行政单位和省级行政区划全部通过普及九年义务教育和扫除青壮年文盲的国家验收,人口覆盖率达到100%,完成了历史性的战略任务。中国义务教育实现了全免费覆盖,人民的受教育权得到有史以来最大限度的保障。但同时也存在一些问题:

第一,从城乡在园人数来看,城镇和农村还存在较大差距。

第三章 教育结果评价指标体系研究

在 2011 年农村适龄入园儿童占全国适龄入园儿童 55% 左右的情况下，其在园人数却只占全国总在园人数的 29.02%。而且，从增长速度来看，城市和县镇的在园人数的增长呈现加速增长态势，而农村在 2010—2011 年的增长率却下降了 18.14%。① 造成这种现象的原因可能是统计口径的变化，2011 年之前的分城乡统计是按城市、县镇和农村来划分的，而 2011 年的统计指标发生了变化，分城乡统计变为了城区、镇区和乡村，其中城区包括城乡接合区，镇区包括镇乡包括镇乡结合区。但是，对比 2011 年与之前的统计，指标解释是完全一致的。

第二，高中阶段毛入学率增长较快，但与发达国家相比仍有一定差距。从已有的统计数据来看，我国高中阶段毛入学率低于 OECD 国家。大部分 OECD 国家高中阶段的毛入学率达到 85% 以上，澳大利亚甚至超过 200%。从区域层面看，北美洲和西欧高中阶段毛入学率达到 98%。虽然近几年中国高中阶段毛入学增加较快，但与 OECD 国家相比仍有较大差距。

第三，高中阶段教育发展呈现普及中的不均衡现象。经过本世纪以来特别是"十二五"期间的快速提升，2013 年我国高中阶段教育毛入学率已经达到 86.0%②，总体普及水平持续提高，较好地满足了初中毕业生接受高中阶段的需求。与此同时也应该认识到，随着招生规模逐步稳定以及初中毕业生升学率已经达到较高水平，未来高中毛入学率的提升速度进一步放缓，普通高中招

---

① 邬志辉、秦玉友：《中国农村教育发展报告 2012》，北京师范大学出版社 2014 年版，第 8 页。
② 教育部：《2013 年全国教育事业发展统计公报》，http://www.moe.edu.cn/publicfiles/business/htmlfiles/moe/moe_633/201407/171144.html，2014-7-4。

生规模得到充分释放，未来各地高中阶段毛入学率进一步提高的压力普遍较大，提升的空间将主要来自现有普及水平较低的地区。目前初中毕业生升学率低于80%的中西部省份，未来初中毕业生对接受高中阶段教育仍有较大的潜在需求，是加快高中阶段教育普及的重点区域。①《教育规划纲要》针对中西部边远地区和民族地区专门提出，支持教育基础薄弱地区改扩建、新建一批高中阶段学校，以及加大对民族地区中等职业教育的支持力度。

第四，继续教育得到较大发展，但仍有较大提升空间。目前来看，我国已经基本建构起多种层次、多种类型、多种形式的继续教育体系，继续教育的机会越来越多，形式越来越多样，资源越来越丰富，举办机构日趋多元化。② 同时，也存在一些问题：一是存在偏重学历教育、正规教育，轻视非学历教育、非正式教育的倾向；二是学习深造的路径相对封闭和单一，相对独立；三是不同阶段教育之间缺乏有效衔接，不同类型教育之间缺乏有机沟通。

（二）教育发展水平评价指标述评

胡卫等学者指标体系中教育发展水平主要包括：学前教育毛入园率、小学阶段净入学率、初中阶段净入学率、高中阶段毛入学率、高等教育毛入学率和6岁及6岁以上人口平均受教育年限。③ 可见，该指标体系主要通过各级教育入学率和6岁以上人

---

① 霍益萍、朱益明：《中国高中阶段教育发展报告2013》，华东师范大学出版社2014年版，第5页。
② 郝克明：《跨进学习社会的重要支柱——中国继续教育的发展》，高等教育出版社2001年版，第35页。
③ 胡卫、唐晓杰：《中国教育现代化进程研究》，教育科学出版社2010年版，第81—84页。

第三章 教育结果评价指标体系研究

口平均受教育年限来反映教育发展水平。

上海指标体系中有关教育发展水平的指标包括0—6岁婴幼儿教育普及率、义务教育完成率、高中阶段入学率、新增劳动力平均受教育年限、高校毕业生初次就业率、高校科技论文被国内外引用数、社区教育网络基本形成、学校和社会公共文化、体育设施资源的共享水平和公共图书馆藏书量。其中,提高人力资源基本素质(新增劳动力平均受教育年限)、培养的人才被经济社会发展所接受的程度(高校毕业生初次就业率)、高校科技研究水平(高校科技论文被国内外引用数)属于教育贡献度。可见,该指标体系主要从教育普及、教育贡献和继续教育三方面反映教育发展水平。

广东指标体系中教育发展水平方面的指标主要包括升学率与就业率、教育对县域社会发展的贡献力、教育资源配置、适龄常住人口入学(园)率、辍学率、区域学位供给能力、教育特色。该指标体系不仅包括入学率正向指标,还包括辍学率等负向指标;不仅包括入学率等入口指标,还包括升学率与就业率等出口指标;不仅涵盖普通性指标,还将教育特色纳入其中。

江苏指标体系有关教育发展水平的指标有学前3年教育毛入园率、义务教育巩固率、高中阶段教育毛入学率和高等教育毛入学率、主要劳动年龄人口平均受教育年限和新增劳动力人均受教育年限、终身学习网络覆盖率、从业人员继续教育年参与率、城市、农村居民社区教育活动年参与率和学校、社会教育资源的开放和利用、技能人才满足经济社会发展需求、高校毕业生就业率、高水平大学数量、高校科研创新能力和高校应用研究开发成果转化率。可见,该指标体系中,教育发展水平指标覆盖教育普及、教育贡献、继续教育和社会服务能力，但社会服务能力主要是高等教育相关指标，县域教育指标不应纳入。

陈国良等学者研发的教育现代化指标体系有关教育发展水平的指标有学前教育毛入园率、九年义务教育巩固率、高中阶段教育毛入学率、高等教育毛入学率、人均受教育年限和劳动力受教育水平、文盲率、职业教育对口就业率、毕业生初次就业率、高水平学科比例、高校特色学科专业集中度和高校社会服务能力。显然，与江苏指标体系类似，该指标体系同样覆盖教育普及、继续教育和社会服务能力。

成都指标体系有关教育发展水平的指标包括3—5岁幼儿毛入园率、义务教育巩固率和高中阶段毛入学率、新增劳动力平均受教育年限、社区教育三级网络覆盖率、从业人员年继续教育率和居民社区教育年参与率、中职毕业生对口就业率。可见，该指标体系中教育发展水平相关指标不仅涵盖各级适龄入学率，还覆盖到继续教育和职业教育，相对来说较为成熟。

在教育发展方面的指标设置上，共通之处在于除了关注各级各类教育入学率之外，还将继续教育或终身教育纳入进来，突破了以往单纯以国民教育体系来理解和推动教育普及。但各地基于自身情况又有诸多不同的考量。例如，上海市在教育发展述评方面没有沿袭传统的各级各类教育入学率指标，仅仅保留了高中阶段入学率，其他均有所改变，用0—6岁婴幼儿教育普及率替换了学前三年教育毛入园率，用义务教育完成率替换了义务教育入学率，用每十万人口在校大学生数代替了以往的高等教育毛入学率，这说明上海市对于已完成普及任务的学段更注重其教育效率，从城市人力资源质量的角度来衡量普及高等教育的价值。江苏省对于义务教育和高中教育都提出了完成率的指标。广东省提出了初中三年保留率和按适龄常住人口统计入学率。学习型城市建设（终身教育）方面，上海市以学习网络、全社会资源的共享和企业经费投入作为监测指标；江苏省将高等教育毛入学率纳入继续教育的范畴，提出了"城市和农村居民社区教育活动年参与率"（其中：老年人参与率）这一指标；浙江省提出"常住人口成人通过'双证制'教育取得证书的比例"这一指标。

综上所述，胡卫等学者指标体系主要是教育普及和受教育水平；上海指标体系除覆盖教育普及和继续教育外，还包括社会服务能力，但主要集中于高等教育阶段，鉴于县域管理权限不宜采纳；江苏指标体系涵盖教育普及、受教育水平和继续教育；成都指标体系和陈国良等学者指标体系除了覆盖以上四项外，将中等教育对口就业率纳入其中，作为社会服务能力指标；广东指标体系较全，但全而乱，缺乏组织性和系统性。总体而言，成都指标体系更为合理。

（三）教育发展水平指标框架的确定

教育发展指标主要是各级各类受教育情况，可以从教育普及、受教育水平、继续教育和社会服务能力几方面加以考察。

教育普及指标一般用入学率来衡量。具体来说，各级教育入学率的名称又有所不同，这与其含义不同有关。为此，需要进一步说明毛入学率、净入学率、巩固率等相关概念的区别和适用条件。毛入学率是某级教育在校（园）生数与相应学龄人口总数的比例，标志着相对规模和教育机会，是衡量教育发展水平的重要指标。毛入学率可应用于各级教育。毛入学率在数值上可能大于1，这是因为小学阶段存在扫盲教育，中学的复读现象和高等教育阶段在校生的年龄组成的复杂性等使得在校生数可能大于适龄人口数。加之，人口流动越来越频繁，无法准确获取未来年份学生的在校生数。由于无法准确知道未来年份学生年龄的分布情况，所以在确定未来年份教育的发展目标时，只能使用"毛入学率"。净入学率是指某级教育在校生数与相应学段的适龄人数的比例。巩固率是指毕业班学生数占该年级入学时学生数的比例。常用是九年义务教育巩固率，国家教育事业发展统计公报也采用该指标。由于小学和初中阶段均属于义务教育阶段，入学率有保障，而且几乎都能达到100%，两阶段的差异也较小，没必要分开统计。高等教育毛入学率属于高等教育指标，不在县域教育管辖范围内，故不宜采用。因此，教育普及指标主要包括：学前3年毛入园率、九年义务教育巩固率和高中阶段毛入学率。

社会服务能力主要体现在职业教育和高等教育的社会服务方面，其中，职业教育主要采用职业教育对口就业率，而高等教育除了采用高校毕业生就业率外，还考虑高水平大学数量、高水平学科比例、高校特色学科专业集中度和高校应用研究开发成果转化率等。由于本书的指标体系界定为县域，因此高等教育不包括在内。社会服务能力指标拟采用中职毕业生对口就业率。

在某种意义上讲，就业率确实能够反映出学校育人的质量，体现毕业生受欢迎的程度，因而各级教育主管部门始终把就业率统计作为综合量化考评的重要抓手，甚至通过专业"预警"方式督促高校抓好就业工作。然而，从严格意义上说，现实中影响就业率高低的因素很多，远非"育人质量"单项所能概括，它与国家的经济发展形势、区域产业结构调整、社会相关人事和就业制度等都有着千丝万缕的联系。因此，简单地通过比较就业率来评判学校的育人质量，甚至决定专业取舍，显然有失科学和严谨。①为此，我们设计了另一个方案：使用中职毕业生双证持有率。

受教育水平一般用平均受教育年限来表示，有时考察特定群体的平均受教育年限，比如6岁及以上人口平均受教育年限、主要劳动年龄人口平均受教育年限、新增劳动力平均受教育年限。其中，主要劳动年龄人口平均受教育年限，主要反映国民素质和文化水平，是指20—59岁人口群体中平均接受学历教育的年数。就年龄而言，关于受教育程度的学术研究中大多采用15岁及以上人口平均受教育年限。为了考察新增劳动力素质和文化水平，有时采用新增劳动力人均受教育年限，即离开各级各类教育当年进入劳动力队伍人均接受学历教育的年数。受教育水平采用人均受教育年限，其中按年龄考察三个年龄阶段人口平均受教育年限：主要劳动年龄人口人均受教育年限（20—59岁）和15岁及以上人口人均受教育年限。在本书中，考虑到县域教育的管理权限，只将"新增劳动力平均受教育年限"纳入县域教育现代化评价指标体系。

继续教育情况主要考察社区教育三级网络覆盖率、从业人员继续教育年参与率和城乡军民社区教育活动年参与率。另外还有公共图书馆藏书量和文盲率等。公共图书馆藏书量，只能代表教育资源的情况，不能代表继续教育的开展情况，另外，即使纳入也应放入教育投入模块。至于文盲率，由于教育的整体发展水平较高，在教育现代化的指标体系中，纳入文盲率的意义不大。因

---

① 王寿斌：《必须理性看待职业院校就业率》，《中国教育报》2013年8月27日第5版。

此，采用社区教育三级网络覆盖率和城乡居民社区教育活动年参与率作为反映继续教育情况的指标。

基于此，教育发展水平指标主要有学前教育毛入园率、九年义务教育巩固率、高中阶段教育毛入学率、中职教育对口就业率或双证持有率、新增劳动力平均受教育年限、终身学习网络覆盖率和城市和农村居民社会教育活动年参与率7项指标构成。

二 教育发展水平指标的测量

由于教育发展指标大多是教育事业统计常用指标，在指标的测量上均有比较成熟，此处不展开论述，仅就有争议的几个问题简要说明。

第一，常住人口还是户籍人口？在统计口径上，指标值的大小因统计口径的不同而有所差异，教育发展指标受人口流动影响较大。那么，对人口的统计，到底按户籍人口还是按常住人口统计呢？一般来说，对人口流动不频繁的地区，一般采用户籍人口统计。对人口流动频繁的地区，采用户籍人口还是常住人口要视具体指标而定。主要看指标针对的政策主体，比如随迁子女就读比例这一指标，由于国家的"两为主"政策，一般采用常住人口而不是户籍人口。

第二，升学人数是否纳入就业率？厘清就业率的定义，对如何看待就业率至关重要。目前对就业率的定义并没形成统一的看法。比如，复旦大学就业率定义是，就业率＝（就业＋升学＋出国出境＋定向委培＋灵活就业＋自主创业）/毕业生总人数，华南理工大学本科生就业率＝（签约人数＋升学人数＋出国人数＋暂缓有单位＋灵活就业人数）/参加就业人数；有的则并未提及就业率的具体公式，比如中国人民大学，其年报只是将就业分工作、升学、出国三部分进行统计。其共同点是，将升学纳入了就业范畴。

三　教育发展水平指标的参照系

教育发展指标主要有学前教育毛入园率、九年义务教育巩固率、高中阶段教育毛入学率、中职教育对口就业率或双证持有率、新增劳动力平均受教育年限、终身学习网络覆盖率和城市和农村居民社会教育活动年参与率7项指标构成。

（一）学前教育毛入学率

《国家教育事业第十二个五年规划》（教发〔2012〕9号）提出2015年的目标是65%。根据袁贵仁在2015年全国教育工作会议上的讲话，2014年学前三年毛入园率达67.5%，提前实现《教育规划纲要》确定的2015年60%的目标。考虑到教育规划纲要确定的2020年的目标是70%，该项指标2020年的目标值定位75%。

（二）九年义务教育巩固率

根据袁贵仁在2015年全国教育工作会议上的讲话，2014年义务教育巩固率达92.6%，接近教育规划纲要确定的2015年93%的目标。考虑到教育规划纲要确定的2020年的目标是95%，该项指标2020年的目标值定位95%。

（三）高中阶段教育毛入学率

根据袁贵仁在2015年全国教育工作会议上的讲话，2014年学前三年毛入园率达86.5%，接近教育规划纲要确定的2015年87%的目标。考虑到教育规划纲要确定的2020年的目标是90%，该项指标 2020 年的目标值定位 90%。

（四）中职毕业生就业率或毕业生双证持有率

就中职毕业生就业率来说，教育部的数据显示，2014 年中职毕业生就业率是 96.68%，我们将 2020 年的目标值定位 99%。

就中职毕业生双证持有率而言，往年尚没有相关统计数据，本书粗略将目标值定为 90%。

（五）新增劳动力平均受教育年限

《教育规划纲要》提出 2015 年和 2020 年的目标值分别是 13.3 年和 13.5 年，其中受过高中阶段以上教育的比例分别为 87% 和 90%。

（六）终身学习网络覆盖率

本书借鉴江苏指标体系目标值，将终身学习网络覆盖率 2020 年的目标值定为 90%。

（七）城市和农村居民社会教育活动年参与率

党的十六大提出"要形成全民学习、终身学习的学习型社会，促进人的全面发展"。《教育规划纲要》把"基本形成学习型社会"作为教育发展的战略目标之一，提出"构建体系完备的终身教育。学历教育和非学历教育协调发展，职业教育和普通教育互相沟通，职前教育和职后教育有效衔接。继续教育参与率大幅提升，从业人员继续教育参与率达到 50%。现代国民教育体系更加完善，终身教育体系基本形成，促进全体人民学有所教，学有所成，学有所用"。欧盟教育质量监测对成人终身学习提出的基准是"成人参加终身学习的比率达到 12.5%"。[①] 我们借鉴江苏

---

① 李建忠：《欧盟教育质量监测的指标和基准》，《比较教育研究》2009 年第 10 期。

的目标值，城市和农村居民社会教育活动年参与率分别定为 60% 和 30%。

第四节　教育机会均等评价指标研究

一　教育机会均等框架的设计

（一）教育机会均等存在的问题

其一，随迁子女入学问题亟待解决。随着工业化、城市化进程出现的农村劳动力转移、人口向城镇的流动和集中，是社会现代化的基本特征，也是我国社会发展和改革的重要目标。为随迁子女提供义务教育机会，使其平等享受义务教育，仍然是一项艰巨的任务。要坚持以流入地为主、以公办校为主的"两为主"政策同时，努力做到"全覆盖"。一方面，要加强公办学校建设，提高其接纳能力；另一方面，以民办学校为补充，在公办校不足以吸收这些生源时，政府应提供帮助，使这些随迁子女能够在合法的民办学校免费接受义务教育，从而保证其在输入地平等享受义务教育的权利。流动人口享有宪法赋予的平等权利，进城务工人员子女无疑也享有接受义务教育后在当地参加升学考试的权利。在现行户籍制度成为阻碍人口市民化进程的障碍之下，被称作户籍改革"破冰"之举的进程务工人员随迁子女升学考试，跨出了较具实质性的一步，被视为教育改革的进步表现。

其二，家庭经济困难学生入学机会受限。建立健全国家学生资助政策体系，保障家庭经济困难学生上得起学，让暂时处于不利环境下的孩子都有平等接受教育的机会，通过教育公平促进社会公平,逐步缩小城乡差别、区域差别和不同群体之间的差别,是实现国家长治久安、建设社会主义和谐社会的本质要求。

其三,残疾青少年的受教育机会亟待保障。目前以残疾青少年为主体的特殊教育仍存在"政府部门重视不足、全纳教育理念羸弱、教育质量难以保持、地区水平分布不均、特教经费紧张、办学条件有限、特教师资缺乏、社会参与缺失"等现实困境。[①]可以说,目前我国的特殊教育"起点低""底子薄""欠账多""发展不平衡"等问题,过去由于条件有限、重视程度不够,残疾人的入学机会比较少,他们接受教育的程度有限。一项对全国6个省18个地市的调研发现[②],残疾青少年总体失学率较高,仅有18%的残疾青少年接受特殊教育。研究发现,只有73%的残疾青少年上过学或正在上学,而在受教育的残疾青少年中,有73.3%在普通学校普通班随班就学,只有21.4%就读于特殊教育学校、3.3%就读于普通学校特殊班,2.0%自学或者参加自学考试。智力和多重残疾青少年从未上学的比例高,二者从未上学的比例为44.0%和40.1%;从未上学的比例随着残疾等级而增加,四至一级(一级最严重)残疾青少年从未上学的比例分别为11.8%、17.6%、33.0%、39.7%。残疾青少年的受教育程度以小学初中为主。在上过学或正在上学的残疾青少年中,受教育程度为小学的占43.3%,初中占34.6%,高中占12.1%,大专以上占10.0%。20岁以上的残疾青少年的学校教育生活基本结束。有

---

① 刘炯:《为残疾青少年圆梦插上法律的翅膀》,《中国教育报》2015年1月16日第5版。

② 苏令:《残缺的世界更需要关注和理解》,《中国教育报》2015年1月15日第5版。

第三章 教育结果评价指标体系研究

受教育经历的 20—35 岁残疾青少年受教育程度为：初中占 41.2%、小学占 30.3%、高中占 14.7%、大专及以上占 13.7%。从城乡差异来看，城镇残疾青少年的受教育状况大大好于农村残疾青少年。城镇残疾青少年受教育程度为初中以下的比例大大低于农村残疾青少年，高中以上的比例则大大高于农村残疾青少年，而我国 70% 左右残疾人生活在农村。总的来说，特殊教育是我国教育发展的一个短板。具体来说，特殊教育跟普通教育之间发展水平差距还很大；国家东西部之间特教发展水平差异也很大；特殊教育的义务教育阶段跟学前阶段以及再往上的高等特殊教育之间发展并不平衡。还有，不同的教育对象之间也有差异，盲、聋、智障、自闭症等不同教育对象之间接受教育程度也存在不平衡。在我国，特殊教育还缺乏一套完整标准体系。因此，要让残疾青少年接受到优质均衡的教育要从多方面入手。

（二）教育机会均等评价指标述评

上海指标体系中有关教育机会的指标包括残障儿童入学率和流动儿童就读比例。广东指标体系中教育机会方面的指标主要包括农村适龄人口教育机会系数、女性适龄人口教育机会系数、非户籍常住人口子女教育机会系数、贫困生教育机会系数、残障适龄人口教育机会系数和境外来粤工作人士子女教育机会系数。江苏指标体系有关教育机会的指标有困难学生受帮扶比例、入学残疾儿童少年享受 15 年免费教育的比例、进城务工人员随迁子女与户籍学生享受同等待遇的比例。陈国良等学者研发的教育现代化指标体系有关教育机会的指标有在校生性别比、家庭经济困难学生资助比例、家庭经济困难学生资助水平、残疾青少年受教育水平和随迁子女在公办学校就读比例。成都指标体系有关教育机会的指标包括残障儿童少年义务教育入学率。综上所述，关于受教育机会均等，各地都表现出对弱势群体受教育机会的关注。江苏、浙江、广东三省主要关注残障儿童、随迁子女、贫困生。江苏和浙江两省还提到了对身心发展有困难或学习有困难、行为有偏差学生的关照。此外，江苏省在指标体系中还显露出对"因材施教"的重视，将"提供多样化教育"这一指标作为监测内容，这是对"满足学生多元化需求，促进学生个性化发展"这一理念的回应。

（三）教育机会均等指标的确定

教育机会均等主要考察农村人口、女性、家庭困难学生、残疾人和随迁子女等五类特定群体的受教育机会。随着城镇化的不断推进，农村人口大量进城，单独考察农村适龄人口教育机会意义不大。为了考察教育机会的性别差异，一般有两种方式，一是考察在校生的性别比，即在校生中女生所占的比例，这一指标虽能在一定程度上反映女孩的受教育机会，但由于在校生性别比受适龄儿童性别比的影响，所以，在校生性别比不能确切反映教育机会的性别差异；二是用女性适龄儿童入学机会，即女性适龄儿童的入学比例，该指标主要应用于女童入学比例不高的地区，或国际比较时。而我国整体发展已经普及九年义务教育，因此该指标对县域内教育机会均等的考察意义不大。因此，教育机会均等主要采用残疾青少年受教育水平、随迁子女公办校就读比例和家庭经济困难学生资助比例三个指标。

二 教育机会均等指标的测量和参照系

（一）随迁子女就读比例的测量和参照系

义务教育阶段随迁子女中就读比例主要评价"两为主"政策

第三章 教育结果评价指标体系研究

贯彻落实情况、衡量公共教育服务水平、教育公平和普及程度。随迁子女就读比例采用随迁子女就读学生数与随迁子女总数之比。在具体计算时,与当地户籍学生享受平等待遇随迁子女人数包括在义务教育阶段公办学校就读的随迁子女人数和政府通过购买学位等方式使之同等接受义务教育的人数。

《教育规划纲要》将"促进公平"作为战略重点,提出到2020年要"不让一个学生因家庭经济困难而失学。切实解决进城务工人员子女平等接受义务教育问题。保障残疾人受教育权利。"2012年我国出台关于做好随迁子女升学考试的过渡、暂行或试行方案,不但体现出各地积极探索的态度,也反映出当地政府正在竭力寻求解决问题的平衡点。做好随迁子女升学考试工作,开放异地高考,是推进教育公平、维护社会稳定、实现更加幸福生活的重要举措,是基于坚持以人为本、保障进城务工人员随迁子女受教育权利、实现教育公平的客观要求,对于保障和改善民生、加强和创新社会惯例、维护社会和谐等方面具有重大意义。[①] 截至2014年底,全国随迁子女在公办学校就学比例保持在80%。随迁子女接受教育问题是我国特定时期产生的特殊问题,综合考虑经济社会、户籍制度改革和各类教育的实际发展情况,参照《国家新型城镇化规划(2014—2020)》的目标,将2020年目标值定为99%。

(二)家庭经济困难学生资助比例的测量和参照系

家庭经济困难学生资助比例反映资助的覆盖程度,体现教育公平、普及以及保障程度。家庭经济困难学生资助比例采用

---

① 宋乃庆、李森、朱德全:《中国义务教育发展报告2013》,西南师范大学出版社2014年版,第22—23页。

受资助的家庭经济困难学生人数与在校家庭经济困难学生总数之比表示。在测算时，分别计算春季学期和秋季学期的家庭经济困难学生资助比例，家庭经济困难学生资助全年比例取春季和秋季的平均值。另外，各级各类教育资助比例分别按学生数加权汇总。

2006—2012年，国家学生资助政策措施密集出台。2006年起，我国全部免除农村义务教育阶段学生学杂费，对贫困学生免费提供教科书并补助寄宿生生活费。2007年5月，国务院印发《关于建立健全普通本科高校高等职业学校和中等职业学校家庭经济困难学生资助政策体系的意见》，决定进一步建立健全家庭经济困难学生资助政策体系。2008年城乡免费义务教育全面实现。2009年国家出台中等职业教育免学费政策。2010年我国建立普通高中家庭经济困难学生国家资助制度。2011年建立学前教育资助制度，在集中连片特殊困难地区实施农村义务教育学生营养改善计划。2012年9月29日财政部、教育部印发《研究生国家奖学金管理暂行办法》，决定从2012年秋季学期起，中央财政每年安排10亿元设立研究生国家奖学金，用于奖励普通高等学校中表现优异的国家招生计划内的全日制研究生。目前，我国已基本建立健全从学前教育到高等教育的学生资助政策体系，制度设计不断完善，资助范围不断扩大，资助标准不断提高，资助领域不断延伸，从制度上基本保障了家庭经济困难学生上得起学。据全国学生资助管理中心统计，2012年，全国累计资助学前教育、义务教育、中职教育、普通高中和普通高校学生共计8413.84万人次，比2006年增长2.16倍；累计资助金额1126.08亿元，比上年增加146.69亿元，增长14.98%，比2006

年增长 4.76 倍。① 2015 年 2 月主持的国务院常务会议决定加大对家庭经济困难学生的助学力度，"从 2015 年春季学期起，将中等职业学校和普通高中国家助学金标准由生均每年 1500 元提高到 2000 元，帮助更多经济困难家庭孩子完成学业，为国家培养更多有一技之长的建设者"。本书将幼儿园、小学、初中、普通高中和中职学校 2020 年的目标值均定为 100%。

（二）残疾青少年九年义务教育入学率的测量和参照系

残疾青少年义务教育入学率衡量残疾青少年接受教育情况，反映教育公平和基本公共教育服务保障水平。残疾青少年义务教育入学率采用接受教育的残疾青少年在校生与应接受教育残疾青少年之比表示。在具体计算时，残疾学生包括听力残疾、视力残疾和智力残疾的学生，不包括身体残疾和精神残疾。另外，接受某级教育残疾青少年在校生数包括在特殊教育学校就读的学生、随班就读的残疾学生和送教上门的学生。

《教育规划纲要》提出"坚持教育的公益性和普惠性，保障公民依法享有接受良好教育的机会。……保障残疾人受教育权利"。"全面提高残疾儿童少年义务教育普及水平，加快发展残疾人高中阶段教育，大力推进残疾人职业教育，重视发展残疾人高等教育。因地制宜发展残疾儿童学前教育。"《国务院办公厅关于转发教育部等部门特殊教育提升计划（2014—2016 年）的通知》（国办发〔2014〕1 号）指出"到 2016 年，全国基本普及残疾儿童少年义务教育，视力、听力、智力残疾儿童少年义务教育入学率达到 90% 以上，其他残疾人受教育机会明显增加。"《特殊教育

---

① 方晓东：《中国教育发展报告 2012》，教育科学出版社 2014 年版，第 89 页。

提升计划（2014—2016 年）》提出 2016 年视力、听力、智力残疾儿童少年义务教育入学率达到 90% 以上。根据统计，我国 2012 年的残疾儿童的入学率就已经达到了 72%。本书将这一指标 2020 年的目标值定为 96%。

第五节 教育满意度指标研究

通过对现有几个典型教育现代化评价指标体系的梳理发现，教育结果模块指标除了覆盖教育质量、教育发展和教育机会外，还将教育满意度纳入教育现代化评价指标。那么，教育满意度是否应该纳入教育现代化评价指标体系呢？

一 教育满意度指标概览与评议

教育满意度在江苏、上海、成都等指标体系中均有所体现。江苏指标体系中与教育满意度相关的有"学生、社会对学校的满意度"和"学校对政府管理和服务的满意度"；上海指标体系中包括"社会各界对学校教育的满意度"和"家长对社会育人环境的满意度"；成都指标体系中是"社会及家长对教育的满意度"。可以发现，现有教育现代化指标体系中教育满意度的主体包括学生、家长、社会、学校，客体包括学校教育、政府教育服务和社会育人环境。学校对政府提供教育服务的满意度可以通过在教育治理维度下设置"公共教育决策社会参与度"和"依法办学与简政放权"间接体现。社会育人环境属于教育背景，如前所述背景可以通过其他部分有所反映。因此，教育满

第三章　教育结果评价指标体系研究

意度主要是指教育直接服务的对象，即学生和家长对学校教育的满意程度来表示。

二　关于教育满意度指标的思考

教育满意度是否应该纳入教育现代化评价指标体系呢？"办好人民满意的教育"是十六大以来党和政府对教育事业发展提出的目标要求，《国家中长期教育改革和发展规划纲要（2010—2020）》在指导思想中提出"办好人民满意的教育"。公众对教育工作的满意度可以反映教育面临的亟须解决的问题，也为教育行政部门和学校提升教育质量提供决策依据和参考信息。

虽然江苏、上海、成都等指标体系均将教育满意度纳入教育现代化评价指标体系，但是教育满意度是否纳入教育现代化评价指标体系是一个需要深入研究的问题。

虽然国家政策文本明文提出要"办人民满意的教育"，需要思考的是，人民满意的教育就是好的教育吗？"人民满意的教育"就是现代教育吗？把人民满意作为教育工作的出发点和判断标准，这是毋庸置疑的。但"人民"是一个涉及学生、家长、教师、学校、政府等各个层面的主体，在特定历史阶段和社会条件下，受教育资源总量不足、优质资源配置不均、主体利益诉求多元化等因素的影响，各类主体的利益诉求不完全一致，体现在每类主体身上的公正和满意无法在短时间内"一揽子"解决。正视主体利益诉求多元化这一现实，辩证对待满意与不满意的关系，在现实困境中进行能动超越，才能更加理性、更加务实地办好人民满意的教育。教育具有自身的规律和周期，对教育是否满意不能简单地以社会评价为标准，不能单纯地定位于家长、政府等主体的满意，更重要的是要体现出对全体学生的全面发展负责。①

由于教育观念的局限，有时家长不能正确看待一些教育问题。有的家长把未到入学年龄的孩子往学校送，送不进去不满意，送进去又抱怨班额过大还是不满意；有的家长违背"就近入学"的政策规定，想方设法择校，导致部分学校办学规模和班额过大；有的家长在抱怨学校负担过重的同时将孩子往培训机构送。由于思想观念、利益诉求不一致等原因，推进素质教育、控制择校等诸多教育问题的处于左右为难的矛盾境地。② 人民群众教育意愿有时与教育规律是矛盾的。以减负为例，当"减负"成为教育行政部门的工作重点，小学生书包的重量、家庭作业时间的长与短、体育活动的多与少，成为评价一所学校的显性指标，家长们又带领孩子转战各培训机构，温情的人本主义者由此变成了急躁的功利主义者。③ 再如，家长对待衡水中学、毛坦厂中学、黄冈中学非常满意，因为进入"超级中学"考大学的机率就大大提高，但这违背教育规律，违背对人性的尊重。又如，对于无证幼儿园的态度也反映了人民满意的教育不一定是好的教育。由于无证幼儿园便宜而且离家近，成为很多家长的无奈选择，而无证幼儿园按规定是要取缔的。如何在家长的诉求和法规的刚性要求之间做出选择也是考验教育部门的一道难题。近年来，人民群众对教育的诉求从"有学上"提高到了"上好学"，所谓"好"的教育有两个要点：好的学习过程和好的学习结果，分别对应教育

---

① 梁海伟：《办好人民满意教育的关键点》，《中国教育学刊》2014年第2期。
② 同上。
③ 刘云杉：《何为人民满意的教育》，《中国教育报》2014年3月19日第2版。

第三章 教育结果评价指标体系研究

的育人功能和筛选功能。在人民群众的教育期待中,教育产出被无限放大,筛选功能被捆绑,育人功能被扭曲。为抚慰日渐焦虑的民意,教育行政部门常常以育人为由回避或延迟筛选。因此,人民满意的教育不一定就是好的教育,我们还是倡导教育家按教育规律办学。另外,"人民满意的教育"是否会陷入"民粹主义"也是需要深入研究的问题。

其次,教育满意度是相关主体对教育的主观的、总体性的、相对模糊的感受,并不能充分显示一个地区教育服务的全貌,无法为区域或学校教育质量提升提供具体的参考信息。[1] 满意是一种心理状态,是家长对教育的事前期望与孩子接受教育之后的实际感受之间的相对关系。教育质量好,老百姓不一定能感受到它好,就像上海的 PISA 测试全球第一,不少老百姓依然不满意一样。[2] 家长大多以自身教育诉求是否得到满足对教育满意与否作出评价。但这类"满意度"显然有失公允,不仅不能为教育"把脉",反而会向社会传递错误信号,影响政府决策。所以,办人民满意的教育不能为了满意而满意,不能为迎合少数人的需求而损害更多人的利益。人民对教育的满意与否不能仅仅以部分人的一时一事之需而定论,而应站在全体学生长远发展的立场,从多角度对教育进行综合评价。[3]

再次,不同群体的满意度存在个体差异。教育满意度与教育期望值有密切关系,同等质量的教育服务,不同社会经济地位、

---

[1] 胡伟:《公众满意度:政府绩效的最终标准》,《中国教育报》2014 年 4 月 4 日第 6 版。

[2] 顾骏、常生龙、陆岳新、文新华:《教育满意度调查该如何让人信服》,《中国教育报》2014 年 5 月 16 日第 2 版。

[3] 梁海伟:《办好人民满意教育的关键点》,《中国教育学刊》2014 年第 2 期。

不同地理位置的家长的满意度有较大差异。对于期望值高的人群来说评价会偏低，而对于期望值低的人群来说评价则会偏高。具体来说，学历较高的家长的满意度低于学历较低的家长，发达地区满意度低于不发达地区。即受教育程度均显著地负向影响其教育满意度，这一观点与教育满意度的相关调查研究的普遍发现是一致的。不同收入群体对学校评价的各方面存在差异。社会弱势群体得到的公共服务质量较低，同时在教育服务信息的掌握和意见表达上存在"信息弱势"和"表达弱势"。[1] 另外，满意度的高低跟学生成绩相关，成绩好的家长满意度高，而成绩稍差的家长的满意度较低，而成绩的高低同时受先天禀赋和后天努力的影响。需要注意的一点是，即使是同一群体，不同年份的教育满意度也不稳定，有时会忽高忽低。一般来说，一个城市越富裕、市民受教育水平越高、开放度越大，公众对当地政府的期望就越高。[2] 因此，由于不同群体的个体差异，满意度也不能绝对显示各个地区教育服务的优劣。

最后，研究方法的局限降低了满意度的信效度。满意度调查是一项科学严谨的工作，对问卷设计、抽样技术、数据收集要求较高。就问卷设计而言，现有研究的问题的设计和答案设置不当。在题目设计上，应尽量避免笼统的、诱导性的提问。在答案设置上，尽力设置五个选项，不要仅仅设置"满意"和"不满意"两项。就抽样技术而言，调查对象和样本的选取要有代表

---

[1] 王蓉：《"办人民满意的学校"——一个关于中小学校的民众满意度调查》，《北京大学教育评论》2008年第4期。

[2] 胡伟：《公众满意度：政府绩效的最终标准》，《中国教育报》2014年4月4日第6版。

第三章 教育结果评价指标体系研究

性,从经济基础、年龄组成、城乡分布、性别比例、学历结构等要覆盖到教育的相关人群,而现有的研究,样本组成单一、抽样容量不合适,抽样不具代表性。抽样方法上,最好采用配额抽样和随机抽样,尽力不选取便利抽样。就数据收集而言,对教育的满意与否,更多基于道听途说或自身的记忆,而不是对现状的真实了解,更不是针对某一具体年度这一特定时间段的评价。另外,某些教育满意度调研的数据是通过网络收集,而网络人群普遍年轻,思维活跃,学历偏高。鉴于不同群体对指标的敏感度不一致,所得结果的效度较差,无法推论到整体。[①]

需要说明的是,本书并非认为教育满意度不重要,只是教育满意度无法体现教育发展水平,因此不宜纳入教育现代化评价指标体系。需要说明的是,虽然在教育现代化评价指标体系中没有单独设置"教育满意度"指标,但在"教育治理"维度下的"教育政策决策的社会参与度""学校民主管理水平"等中均有所体现。

---

① 顾骏、常生龙、陆岳新、文新华:《教育满意度调查该如何让人信服》,《中国教育报》2014 年 5 月 16 日第 2 版。

第四章 教育过程评价指标体系研究

第一节 教育过程评价指标框架的设计

目前教育过程评价中存在较多问题，比如学生学业负担过重，学校管理中存在专断、不民主的现象，教师教学方式方法亟待改进等。现有指标指标体系对教育过程的设计相对较弱，在设计出的指标中也存在测量困难的问题。为此需要对教育过程评价与测量进入深入研究。

一 教育过程评价的必要性

教育现代化主要看教育结果的现代化，但教育发展不能急功近利，只关注教育结果，不关注教育过程。没有好的教育过程就不会有好的教育结果，好的教育过程是获得较高教育结果的重要保障。

之所以要对教育过程加以评价是基于以下三点考虑：第一，从教育的本质上说，教育是一种有目的的培养人的社会实践活动。对现代教育的评价离不开对教育活动的评价。

第四章　教育过程评价指标体系研究

第二，从教育现代化指标体系的框架结构上说，教育结果是教育活动的产出，教育投入是教育活动的保障，教育过程是连接教育投入与教育结果的桥梁。对教育现代化的评价不仅要评教育结果、评教育投入，同时也要对教育过程这一"黑箱子"的评价，这也是区别于纯经济学视角只关注投入和结果的"成本效益分析"的一个重要方面。

第三，从国际上的教育评价来说，大都关注教育过程的评价。以《教育概览2013：OECD指标》为例，OECD指标体系不仅关注教育结构的产出及学习的影响、关注教育中的财政与人力资源投入、关注教育机会，同时也关注学习环境和学校的组织，并专门设置了班额、学生学习课时数及学科分配、教师教学时间等过程性指标。

二　教育过程评价指标的框架

那么，在评价教育过程时，应该关注哪些方面呢？教育过程是从教育活动的视角考察教育现代化。一般而言，我们将教育活动分为学习活动、教学活动和管理活动，由于学习和教学是不可分，我们统称为教学活动，基于此，教育活动由教学活动和管理活动组成。就教学活动而言，需要关注的两个问题是教什么和怎么教，即教学内容和教学方式，我们将其统称为课程与教学，这是从微观层面考察教育活动。而管理活动则从中观和宏观层面考察教育活动，具体包括宏观的布局调整、教育行政和中观层面的学校管理。基于此，本章从"课程与教学"和"教育管理"两个维度考察教育过程的现代化。

第二节 课程与教学指标研究

一、课程与教学指标框架的设计

(一) 课程与教学指标评价述评

陈国良指标体系主要关注课程开设情况,具体包括德育艺术实践课程开设水平和普通高中选修课比例,分别考察课程开设的充足性和多样性。

广东指标体系中主要关注课程开设情况,具体包括培养模式和素质教育。其中,培养模式是从整体上要求优化人才培养模式,提高培训水平,素质教育这一指标则从具体上提出明确要求,具体是指德、智、体、卫、艺、劳等方面课程开设情况。

江苏指标体系中同时关注课程和教学,具体包括提供多样化教育和人才培养模式两个指标。其中,提供多样化教育要求各类学校根据学生发展需要和学校自身特点设置多样化课程,使育人方式呈现多样化、个性化;人才培养模式不仅关注课程教材和专业建设,关注中小学开齐开足国家规定的各类课程情况,同时要求职业院校课程能够满足技术型、技能型人才培养需求,在教学方式方面,要求学校有效运用启发式、探究式、讨论式、参与式教学,分层教学、走班制、学分制、导师制等教学管理制度的推行。

相对来说,课程教学方面的指标建设较为薄弱,在现有的指标体系中,仅有广东、江苏和陈国良指标体系中涉及课程教学指标,而上海、成都、胡卫等指标体系均未涉及课程教学指标。在

第四章 教育过程评价指标体系研究

涉及课程教学的指标体系中,广东和陈国良指标体系只关注课程建设情况,主要考察课程开齐开足水平,而江苏指标体系相对全面而成熟,同时关注课程开设情况和教学方式改进情况。

(二)课程与教学指标框架的确定

课程与教学指标可以从课程和教学两方面来设计。就课程来说,现代课程的要求是数量充足、结构合理、质量优异。就课程数量而言,本书建议从课程开齐开足水平表示;就课程学科结构而言,本书建议设置高中阶段选修课比例这一指标表示;就课程质量而言,本书建议设置国际优质课程资源表示。就教学方式而言,要转变传统的灌输式、填鸭式的应试教育教学方式。

就课程数量充足性而言,要按国家规定开齐开足相应课程。以信息技术课程为例,各国均在国家层面提出了通过教育信息化革新课程的一系列计划。比如将信息技术引入课堂,单独开设信息技术课程,如英国、日本、韩国等国家;重视信息技术与课程的融合,强调信息技术与课程的整合,并且在不同的学习层次提出不同的整合目标。教育信息化的最终目的是把信息技术、信息资源、信息方法、人力资源和课程内容有机地结合起来,并贯穿于整个教学过程中,将信息技术与学科课程进行深层次的融合,改变学生的学习方式和教师的教学方式。为此,需要在中小学设置信息技术课程。同理,其他有益于学生全面发展的课程都应开设,为此,我们设置"课程开齐开足水平"考察课程数量的充足情况。

就课程结构而言,教育必须保持多元,留下开放的空间,因为教育的目的在于给予个人充分机会,发展其潜能,也在于给予社会不断更新的功能。分层走班制最大限度地实现培养目标的多元化，既让基础良好的学生有更大的发展空间，也让原来可能被忽视的学生找到最近发展区，有进步成长的平台，找到学习生活的尊严和自信。实施分层选课走班制，按学生学习能力分层教学，打破传统的教师、教材、课堂和学科四个中心，颠覆传统教学模式，构建起以学生、活动和社会为中心的新型学习模式，使每位学生拥有不同的课程表，激发了学生自主学习的热情。为此，学校打破以课堂为中心的传统格局，建立新的课程体系，利用学校课程加强实践学习和社会学习，做到"行知合一"。把分层选课走班制真正落到实处，需要许多相应制度的配套。要把选课制、走班制、学分制、导师制、学长制5项制度统一起来，以促进课程改革，促进学生"最适合自己"的成长。足够数量选修课的开始，是实施选课制的前提。为此，本书设置"高中选修课比例"这一指标考察高中阶段课程设置的多样性情况。

就课程质量而言，学校课程体系建设的价值取向是多样化与可选择性。中小学教育国际化的实践体现在课程体系建设上，一方面是要基于学生的发展，开展和提供不同方面、不同层次、不同形式的课程；另一方面是要给学生提供基于自身特点与特长选择课程学习的余地和权利。要体现多样性和可选择性，学校要把课程建设的国际理念、国际资源与学习自身特点和学生发展需求有机结合起来。为此，首先学校要深入研究国家课程，对作为课程主体的国家课程进行校本化实施与实践；其次要个性化地实施学校所在地区的地方课程；最后在国家课程和地方课程的基础上，开发彰显学校特色和满足学生个性化需求的校本课程。同时，要在国际化的视野下把国家课程、地方课程和校本课程有机整合起来。为此，本书设置"国际优质课程资源"这一指标考察

第四章 教育过程评价指标体系研究

课程建设方面对国际资源的借鉴情况。

就教学方式而言，现代教学中，走进学校，走进课堂，最本源的感受应该是生命感，是活生生的生命感，是对年轻生命积极向上、蓬勃生长的欲求与状态的感受。失去了生命的生长感的学校、课堂是暮气沉沉的。优良的教育在任何时候都应该让个体找到生命的生长与生成感。没有生命的生长与生成渗透其中，学校教育就是没有灵魂的实践。传统的教学方式强调了既有知识的权威和束缚，但忽略了学习者要成为什么人。教师对学生的判断存在主观性，教师经验存在局限性，教师想象力存在着"天花板"，教师的"教"存在限度，而学生却是有着旺盛的生命力和主动性，他们不是石材，更不是木材，而是生机勃勃的人，学生之"材"在学习和教育过程中必然发生变化。教育的根本在于个体自身，任何教育都需要回到个体，回到个体的自我成长与自我教育，每个人都是一个独立而完整的世界，每个人成长中的问题终究只能由自己解决，不能包办代替，任何教育最终只能是自我教育。教育的根本在于个体自身，教育如不能激发个体自我成长的内在力量，则教育必然走向被动灌输，就不可能有健全自我的生长、生成。教师不仅要"传道授业解惑也"，更应该成为学生的挑战者，激发起他们的好奇心、持续的学习和探索欲望，使其具有生机勃勃的学习动力和生命力。教育不是把一个桶装满，而是把一个火把点燃。我们能做的是保持宽容的心态并提供足够的支持，静静等待花开的声音。在教学上，中小学要打破以教师和学科为中心的传统教学模式，践行因材施教的教育理念，承认学生差异、尊重学生的选择权，探索学生的多样化、个性化培养，鼓励学生兴趣、特长的发挥。同时，关注基于互联网的教育技术和教学方式带来的变革，结合学校实际情况，创造性地探索分层教学、参与式教学、分组学习、探究式学习、选课制、"走班"教学、"翻转课堂"等新的教学模式和学习方式，重视培养学生的独立思考能力、问题意识和创新精神。为此，我们设计"教学方式改进"用以考察中小学现代教学情况。

二　课程与教学评价指标研究

（一）农村学校音体美等课程无法开齐开足

开齐、开足国家规定课程是实施素质教育的基础，面向全体学生，实行全面育人，整体提高教育质量是实施素质教育的起点和归宿，也是实现教育公平的要求。有调研显示，农村学校仍普遍存在音乐、体育等课程开不齐，或者即使开齐了但也开不扎实的现象。据对全国115所小学的调查显示，乡村小学音乐、体育、美术、科学课程的开设率分别达到70.8%、52.1%、70.8%和29.2%，四门课程的同时开齐率为22.9%。在县域内，县城小学校均有1.3名音乐教师、1.5名美术教师、1.6名体育教师，而乡村小学校均拥有数分别为0.32名、0.28名、0.57名，乡村学校的音乐、美术、科学和体育教师严重不足。[①]

（二）课程开设指标的测量和参照系

课程开齐开足水平是指学校开齐开足品德、体育、艺术、心理健康、信息技术等课程的比例，主要衡量学校德育、体育、艺术和心理健康课建设情况，同时体现学生综合素养，促进全面发展。在具体计算时，课程的开齐开足水平用开齐某一门课程的学校数与抽

[①] 魏哲哲：《书写农村教育的精彩》，《人民日报》2014年10月30日第18版。

样学校总数之比表示。在学段上，艺术课程覆盖中小学，品德、体育、心理健康和信息技术只考察义务教育阶段学校。

《国务院办公厅转发教育部等部门关于进一步加强学校体育工作若干意见的通知》（国办发〔2012〕53号）提出"各地要规范办学行为，减轻学生课业负担，切实保证中小学生每天一小时校园体育活动，严禁挤占体育课和学生校园体育活动时间。要因地制宜制订并落实体育与健康课程的实施方案，在地方课程和校本课程中科学安排体育课时。"《教育部关于印发〈学生体质健康监测评价办法〉等三个文件的通知》（教体艺〔2014〕3号）提出"按小学1—2年级每周4课时，小学3—6年级和初中每周3课时，高中每周2课时安排体育与健康课时"。

《教育部关于推进学校艺术教育发展的若干意见》（教体艺〔2014〕1号）提出"义务教育阶段学校根据《义务教育课程设置实验方案》开设艺术课程，确保艺术课程课时总量不低于国家课程方案规定占总课时9%的下限，鼓励有条件的学校按总课时的11%开设艺术课程，初中阶段艺术课程课时不低于义务教育阶段艺术课程总课时的20%。普通高中按《普通高中课程方案（实验）》的规定，保证艺术类必修课程的6个学分。中等职业学校按照《中等职业学校公共艺术课程教学大纲》要求，将艺术课程纳入公共基础必修课，保证72学时。"在本书中，上述课程开齐开足水平2020年的目标值均为100%。

三 高中阶段选修课指标研究

（一）高中阶段选修课开设亟待规范

教育的个性和社会的多样性必然要求教育的多样性，教育的多样性表现在教育目标的复杂性和多样化。教育要尊重人的差异性，重视差异教育，为每个人的发展提供条件，培养特殊人才。为此，需要为学生提供差异化的课程设置。从宏观层面讲，选修课是实现高中多样化的一种有效途径，体现学校办学特色化的重要领域，影响高中课程改革能否成功的重要突破口。从微观层面讲，高中选修课的设置无论对于学生还是教师均有重大影响。选修课是建立在丰富多样的课程资源基础之上的，有利于培养学生多方面的兴趣，拓展视野，激活个性思维，成就学生的个性化学习。选修课的设置对于教师的知识素养和教学能力提出了更高要求，一定程度上能加速教师专业能力的发展，使教师成长为专家型教师。

当前，影响选修课开设的问题主要存在以下问题[①]：第一，国家给予地方和学校开设选修课程的空间小，难以真正培养学生自主选择的能力。目前我国高中新课程规定，高中的毕业学分最低是144学分，必修学分为116分，占总毕业学分的80%左右。第二，有些学校开放了很多选修课程，但缺乏一定的规范性和目的性，选修课质量不高，与学校整体发展不匹配。第三，很多教师还没有从"教书匠"的角色转变过来，只是"忠实"地执行课程，缺乏课程开发能力。第四，学校选修课制度还不健全，加之对学生的选修指导不到位，造成了学生在课程选修时存在功利性、片面性和盲目性。第五，课程评价体系不完善，如大部分选修课程尚未纳入高考范围，造成了选修课在实践操作中难以落实。

---

① 霍益萍、朱益明：《中国高中阶段教育发展报告2013》，华东师范大学出版社2014年版，第82页。

第四章 教育过程评价指标体系研究

(二) 高中阶段选修课的测量和参照系

普通高中课程中选修课程所占比例反映普通高中多样化发展水平和教育适应性。在计算时，普通高中选修课比例采用选修课门数与总课程数的百分比表示。分子为实际开出课程门数，不是课程计划或课程安排上的门数。

《教育规划纲要》提出"推动普通高中多样化发展"，"推进培养模式多样化，满足不同潜质学生的发展需要"，"鼓励普通高中办出特色"，"创造条件开设丰富多彩的选修课，为学生提供更多选择"。该指标具有导向性，可引导学校办出特色，避免同质化倾向，提高人才培养水平。本书将 2020 年的参考值初步定为 25%。

四 国际优质课程资源指标研究

(一) 优质课程资源不足

义务教育阶段的课程改革虽取得很大成绩，但是受社会环境的影响以及相关制度与政策的制约，还面临着许多问题和困难[1]。一是区域推进不平衡，即地区之间、城乡之间、校际课程改革的推进不均衡，一些地区和学校改革动力不强，对课程改革在全面推进素质教育、提高教育质量、培养创新人才等方面的作用认识不到位，存在着"穿新鞋走老路"的现象。二是一些学校办学条件不足，课程资源缺乏，尤其农村英语、科学等学科师资十分缺乏，无法完成课改目标。三是课堂教学创新不够，一些地方、学校过分强调学生的自主学习，忽视了教师主导性的发挥。四是课

---

[1] 宋乃庆、李森、朱德全:《中国义务教育发展报告 2012》，教育科学出版社 2013 年版，第 26 页。

程改革最大的瓶颈——评价仍未解决，与课程改革相适应的考试评价制度及管理制度相对滞后，使得单纯追求升学率的"应试教育"仍未得到改变。五是有的地方课程、校本课程开展不好。六是不少地方，教材选用的多样化没有得到很好实施。

（二）国际优质课程资源的测量和参照系

国际优质课程资源是指根据实际需要，从国外或境外引进的课程资源，反映国际优质课程资源的引进情况，同时也是反映教育国际化的衡量指标。其中，国际优质课程资源不仅包括具体的课程体系，同时还包括外籍教师、学生管理模式、教育教学管理体系及技术等。具体考核采用问卷调查。

《教育规划纲要》明确提出"引进优质教育资源。吸引境外知名学校、教育和科研机构以及企业，合作设立教育教学、实训、研究机构或项目。鼓励各级各类学校开展多种形式的国际交流与合作，办好若干所示范性中外合作学校和一批中外合作办学项目。探索多种方式利用国外优质教育资源。吸引更多世界一流的专家学者来华从事教学、科研和管理工作，有计划地引进海外高端人才和学术团队。引进境外优秀教材……吸引海外优秀留学人员回国服务"。该指标是教育国际化的指标之一，有利于顺应教育国际化潮流，努力借鉴先进地区的教育经验，大力倡导新课程改革，着力提高学生综合素质。问卷调查结果显示逐年增多。

五　教学方式指标研究

（一）教学方式有待进一步转变

教学方式是对教师教学行为的概括性描述，涉及教学目标的确定、教学计划的设计、教学内容的选择与处理、教学方法的选

第四章 教育过程评价指标体系研究

择、教学辅助工具（多媒体、教具等）的使用、学生学习效果的评价等要素。

我国教学方式的现状堪忧，教学目标有偏差，教学内容繁难偏旧，教学方法落后，多媒体工具使用不当，现代信息技术与课堂教学不能有效整合，评价学习效果只看考分高低，这种教学模式难以培养出高质量的人才。教学方法上存在的问题更为突出。我国各级各类教育中，教师使用的教学方法相对单一，学生往往是被动学习，不利于自主学习、合作学习以及探究能力的提升，不利于培养学生的创新精神和实践能力，教学效益低，严重影响学生的全面发展、个性发展、主动发展与可持续发展。因此，需要倡导启发式、探究式、讨论式、参与式教学，激发学生的好奇心，培养学生的兴趣爱好，营造独立思考、自由探索、勇于创新的良好环境，让学生学会发现学习、合作学习、自主学习。在基础教育阶段，教学模式的改进尤为迫切。由于片面、过度追求升学率，为考而教、为考而学，师生被考试指挥棒所左右，学生的成长是"被成长"，学生的发展是"被发展"，学生的学习是"被学习"，学生缺乏自己的时间和空间。学生课业负担过重，身心健康受到严重损害，学习与成长的过程苦不堪言。[①] 目前存在很多教学模式，如成功教育、愉快教育、情境教育、主体教育等，教育思想十分活跃，体现了百花齐放、百家争鸣的局面，为教学方式的改进提供了有益的借鉴。具体来说：

一是实施分层教学，提高课堂教学效率。比如，在作业的布置上分层设计系统，对不同层次的学生的要求也各有侧重。比如

---

① 褚宏启：《教育现代化的路径——现代教育导论》（第2版），教育科学出版社2013年版，第323页。

学困生的作业以基础题的练习为主，中等生和优等生则会补充一两道思考题。这样，教师既可在批改作业上提高效率，又方便了解各层次学生知识的掌握情况，在作业评讲反馈时更易兼顾学生学习的个体差异。对于分层教学是否会导致成绩偏下学生的质疑，建议可采取定期评定，不只考查学生考试成绩，还采用总分、进步分、态度分等从不同维度对学生表现进行全方位的评定；同时定期以学生积极性和进步分为主要评定依据来环阻，以此激励学生树立积极的学习态度。另外，分层教学改变了过去按中等生的程度施教的状况。过去仅考虑课程标准的基本要求，对待后进生和优等生兼顾较少，课堂上优差"两头"的学生学习热情不高。分层教学可以解决这一问题。

二是利用信息技术促进因材施教，促进个性发展。信息技术可以为学科教学提供开放的、有利于因材施教的实践平台，在相同的教学目标下，学生可以根据自身的实际能力，利用不同的方法、工具进行学习，在教师的个别指导下，最终达成教学目标，更好地实现个别化教学，实现因材施教。随着教育信息化发展的深入，世界各国逐渐从关注同一取向公平的教育机会均等、受教育权利平等、教育过程平等以及教育结果平等，转至关注多元取向公平的"选择"和"自由"，以及注重"个性化"的兴趣与能力的选择公平，进一步转轨至关注教育质量和效益、面向社会问题、提高国际核心竞争力的螺旋上升的发展范式。①

（二）教学方式的测量和参照系

教学方式改进是指中小学有效运用启发式、探究式、讨论

---

① 关松林：《教育信息化校长读本》，高等教育出版社2014年版，第39—40页。

式、参与式教学，分层教学、走班制、学分制的情况，主要反映中小学现代教学方式的运用情况和教学管理制度的推行情况。具体测量采用问卷调查方式。

《教育规划纲要》提出"强化信息技术应用。提高教师应用信息技术水平，更新教学观念，改进教学方式，提高教学效果。鼓励学生利用信息手段主动学习、自主学习，增强运用信息技术分析解决问题能力。""倡导启发式、探究式、讨论式、参与式教学，帮助学生学会学习。""关注学生不同特点和个性差异，发展每一个学生的优势潜能。推进分层教学、走班制、学分制、导师制等教学管理制度改革。"问卷调查显示启发式、探究式、参与式等教学方式比例逐年增大。

第三节 教育管理指标研究

一 教育管理指标框架的设计

对现有的几个典型指标体系中教育治理方面的指标进行简单介绍和深入评议，为教育治理指标的设计奠定研究基础。

(一) 教育管理指标述评

陈国良指标体系中与教育管理相关的是班额达标率。

上海指标体系主要关注布局调整，设置了中小学校合理布局程度、高校学科专业布局结构合理程度和各级各类教育的协调发展，同时涉及基础教育和高等教育的布局结构，另外还照顾到不同类别教育的协调发展。

江苏指标体系关注布局调整、办学体制和现代学校制度建设。在布局调整方面设置了各类教育协调发展与互通衔接、学校布局与规模合理和中等以下学校达到适度班额的比例三项指标；在体制与管理方面设置了公办学校多形式办学、民办教育健康发展和现代学校制度建设水平三项指标。

成都指标体系关注教育行政和学校管理。在教育行政方面设置"重大教育公共政策，措施决策社会参与度"这一指标，在学校管理方面，设置了"学校依法治校、民主管理水平"表征依法治校和学校民主管理水平。

教育管理是教育现代化建设的重要内容。各地考察教育管理的视角各有不同。上海市从教育布局、结构合理程度的角度来考察，监测点集中在中小学合理布局、高校科学专业合理布局、各级各类教育协调发展（该指标主要反映区县内普通教育、职业教育和成人教育以及公办与民办教育之间比例的合理程度）。江苏省是从布局和体制与管理两个角度来考察，在布局与结构方面，值得关注的是不只提出各类教育协调发展，还提及互通衔接问题；在体制与管理部分涉及公办学校办学更有效率、民办教育健康发展、现代学校制度建设。浙江省的各类教育协调发展是从各级各类教育目前发展面临的基本问题的角度设置指标的。广东是从两大教育体系的完善、教育管理机制的完善两个角度来设置指标的，操作起来难度大、准确性不易把握。

（二）教育管理指标框架的确定

从管理层级来讲，教育管理可以分为教育行政和学校管理。布局调整是教育行政职能的重要组成部分，在城镇化的背景下，布局调整问题显得尤为重要，因此本书将布局调整单列。这样从布局调整、教育行政和学校管理三个维度考察教育管理现代化的

第四章 教育过程评价指标体系研究

情况。其中,教育行政主要从考察教育行政部门职能转变情况,学校管理主要考察现代学校制度建设和学校内部治理情况。

要解决目前学校布局中存在的问题,地方政府有必要进一步加大对高中阶段教育的整体规划和统筹协调,要求是规划过程中要将学校适宜规模作为一项重要指标。有学者指出[①],中小学校的适宜规模应是"在合理的生均花费下,能够最有效地利用学校空间和人力资源的规模",同时学校规模应兼顾班级数量和学生数量两个指标。将班级数量和学生规模纳入学校办学标准,并作为普及高中阶段教育验收的基础条件,将有助于提高高中教育的保障水平,也有利于教育质量的提高。为此,我们设置"中小学布局合理程度""高中阶段普职教育协调发展"和"班额达标率"三个指标考核政府布局调整情况。

教育改革顺利与否,不仅需要教育领域的自身努力,也需要外部社会的必要支持。由于教育改革面广量大,涉及诸多深层次错综复杂的问题,因而需要的不只是某一项社会支持,而是要社会多方面多层次的支持。具体来说,教育改革既需要政府的强力支持,也需要来自第三方的大力支持,还需要公众的全力支持。具体来说,教育改革既需要政府提供财政投入支持、政策支持和体制支持,也需要第三方提供社会投入、人才市场和社区支持,同时还需要公众提供专家、家长、社会舆论和公众文化方面的支持。因此,教育改革需要的是完整的,而不是某一方面残缺的社会支持。[②] 社会支持参与教育改革或教育政策制定的方式有多种,

---

① 耿申:《学校适宜规模及相关设施标准》,《教育科学研究》2003 年第 5 期。
② 吴康宁:《教育领域综合改革需要怎样的社会支持》,《教育研究与实验》2013 年第 6 期。

可以直接参与到政策制定过程，也可以通过征求意见时表达声音。为此，我们设置"教育政策的社会参与度"考察教育政策制定过程中对社会支持的争取程度。同时为了考核政府职能转变和依法行政情况，我们设置"依法行政与简政放权"这一指标。

依法治校是学校自身发展的必然要求。首先，依法治校有利于规范办学行为，使学校各项工作在国际法律法规的统一规范下展开，提高学校管理水平。其次，依法治校有利于维护学校的合法权益，有利于教师依法治教和学生遵纪守法，有利于营造良好的学校法制氛围。再次，依法治校有利于维护学校及师生的合法权益，对外可以免于学校和师生的合法权益受到侵害，对内便于明确学校与教师、学校与学生、教师与学生的法律关系，便于规范各方的行为，依法保护各主体的合法权益。最后，依法治校是学校管理方式转变的必然要求，有利于学校管理者依法办学，推动学校管理方式由封闭的集权式管理向开放式的民主化管理转变。为此，我们设置"学校依法治校水平"这一指标考察学校依法治校的情况。

教师、家长等主体参与重点不在于是否应该参与管理，而在于如何参与管理，以怎样的价值立场，为何目的而参与管理。民主管理就是要让教师参与学校重大决策及各项管理、监督工作。让教师参与学校管理，一方面可以激发教师的主人翁精神和创新意识，提高教师的工作效率；另一方面能够增强管理的民主性、透明度和可信度，使教师对学校的管理更有信任感和归属感，从而使学校形成一个有机整体，最终实现管理的组织目标和个人目标。马斯诺指出："没有管理的管理是管理的最高境界……人人都是管理的主体，员工既是决策的参与者，也是决策的执行者。"

第四章　教育过程评价指标体系研究

实施学校管理，应建立健全教职工代表大会制度、校务公开制度等，以促使教师挖掘自身的潜力，发挥自己的聪明才智，积极参与学校建设。校长及其领导团队对学校的领导，要与教师在专业层面和学生学习的领导"各归其位、各安其分"，这样办学才会使学校的发展变得和谐。教师对学习事务参与并不是越多越好，过多过少的参与都不如适度的参与让教师感到满意。教师的领导作用应该更多地体现在对专业活动及学生学习的领导，如果非要将所有教师都提到对学校发展的层面未必是好事。这不是否定教师对学校决策的参与，但参与是不同层面的参与，或者有时只是教师对学校的发展及决策"知情"，也一样体现着学校管理的民主化，不宜将教师的领导作用提到不适当的高度。为此，我们设置"学校民主管理水平"这一指标考察学校民主管理情况。

二　布局协调指标的设计

（一）中小学布局调整有待进一步规范

改革开放以来，随着我国进城务工人员随迁子女逐年增多，农村人口出生率持续降低，农村学龄人口不断下降，各地根据2001年国务院印发的《关于基础教育改革与发展的决定》，按照小学就近入学、初中相对集中、优化教育资源配置的原则，合理规划和调整学校布局，对农村小学和教学点进行适当合并。总的来说，农村学校布局调整整合了农村教育资源，改善了办学条件，优化了教师配置，提高了办学效益和办学质量。然而，在布局调整工作中，不少地方存在过急过快的情况。有的地方硬性规定撤并学校的时间和数量，有的地方缺乏深入调研和科学论证，有的地方没有充分征求学生家长的意见，导致出现了一些不容忽视、必须切实加以解决的突出问题。比如，学生上学路程普遍变远。一些非寄宿学生在村里学校撤并后要早起上学，个别的甚至来回要走两三个小时；一些地区在并入学校办学条件难以满足的情况下，盲目撤并学校，致使并入学校大班额问题突出，教学资源严重不足，教育教学质量难以保证。2012年9月6日国务院办公厅印发《关于规范农村义务教育学校布局调整的意见》，对农村义务教育学校布局调整提出了明确要求和规范意见，有助于进一步优化教育资源配置和推进农村义务教育均衡发展。该文件的颁布在一定程度上减缓了农村义务教育学校撤并的速度，保障了适龄儿童少年就学的合法权益。规范农村义务教育学校布局调整不仅关系着农村教育的发展，更关系着农村中小学的切身利益。以人为本、科学合理的学校布局调整对推进义务教育均衡发展和城乡教育一体化、缩小区域内城乡教育差距、实现义务教育服务均等化具有重要意义。①

（二）布局调整指标的测量和参照系

学校布局合理程度主要反映各级各类学校布局与规模情况。测算时，主要采用办学半径的概念，学段覆盖幼儿园、小学、初中、普通高中和中职。

《教育规划纲要》提出"适应城乡发展需要，合理规划学校布局，办好必要的教学点，方便学生就近入学"。本书提出的2020年的目标值是每1万—1.5万常住人口建有1所幼儿园、每1.5万—3.5万常住人口建有1所小学、每3.5万—7.5万常住人

---

① 宋乃庆、李森、朱德全：《中国义务教育发展报告2013》，西南师范大学出版社2014年版，第26页。

第四章　教育过程评价指标体系研究

口建有 1 所初中、每 7.5 万常住人口建有 1 所普通高中，中职学生不少于 3000 人。

三　普职教育协调发展指标的设计

（一）普职教育发展不协调

发展职业教育是满足人民群众接受多样化需求的重要途径，也有利于为经济社会发展和产业结构转型提供大批高素质劳动者和技能型人才。随着我国城镇化和现代化进程的不断加快，劳动力市场出现初中以下学历劳动力供大于求与高层次技能型人才供不应求并存的局面，高中及以上层次教育发展面临着较大的社会需求。同时，经济社会的快速发展和物质文化需求的全面提升，使社会对接受高中阶段教育的需求不断扩展。这为普及高中阶段教育目标的实现提供了现实需求和重要动力。合理的教育结构是充分实现高中阶段教育发展目标的重要因素。作为相互联系又相互区别的两类教育，普通高中教育和中等职业教育合理分流，是优化高中阶段教育培养目标的重要基础。近年来，全国高中阶段招生普职比例大体相当，部分省份中职所占比重相对较低，依据目前各省招生普职结构的发展趋势判断，中西部现有普及水平较低省份的中职招生比重仍有较大上升空间，这将为当地推动高中阶段教育普及水平提供重要动力。[①]《教育规划纲要》针对"加快发展面向农村的职业教育"的任务提出，把加强职业教育作为服务社会主义新农村建设的重要内容。《国家教育事业发展第十一个五年规划》提出，中等职业教育重点培养现代农业、工业、服

---

① 霍益萍、朱益明：《中国高中阶段教育发展报告 2013》，华东师范大学出版社 2014 年版，第 7 页。

务业和民族传统工艺振兴需要的一线技术技能人才。因此，推动中等职业学校深化教学模式、办学模式、培养模式改革、提高教育质量，是优化各地区普职结构、提高高中阶段教育普及水平的重要任务。目前中职招生比重不高的中西部省份对职业教育层次的需求，除工业化中期所需要的高职培养的高级技能人才，更需要中职培养的一般技能工人。然而，这些省份却面临着初中毕业生分流过程中中职招生异常艰难、中职教育难以为继的窘境。

（二）普职协调发展指标的测量和参照系

高中阶段普职教育协调发展主要反映区县内普通教育与职业教育之间比例的合理程度。在计算时，采用普通高中招生数与中职招生数之比表示。

《教育规划纲要》针对政府切实履行发展职业教育的职责提出，"把职业教育纳入经济社会发展和产业发展规划，促使职业教育规模、专业设置与经济社会发展需求相适应"。为推动地方各级人民政府把农村职业教育纳入当地经济社会和教育规划，2011年教育部等九部门下发《关于加快发展面向农村的职业教育的意见》，明确提出，要强化发展农村职业教育"省级政府宏观指导、市（地）级政府统筹发展、县级政府为主管理"的责任。具体表述为：推动省级人民政府调控各市（地）职业教育资源布局和发展规模；充分发挥市（地）级人民政府在区域内的统筹规划和协调管理作用，按照"今后一个时期总体保持普通高中和中等职业学校招生规模大体相当"原则，调整招生比例，优化高中阶段教育结构，合理整合各县（市、区）职业教育资源，规划中等职业学校和专业布点；落实县级人民政府管理和发展本地职业教育的责任，根据需要办好县级职教中心。

第四章 教育过程评价指标体系研究

各地要按照国家的政策和部署，把普职规模结构调整优化作为重要任务，为初中毕业生接受高中教育提供更加多样的选择机会。国家教育部门在历年招生工作部署中都强化了相应要求，如《教育部关于做好 2011 年中等职业学校招生工作的通知》就提出，"高中阶段教育职普比例低于 45% 的地区，要采取切实有效的措施，进一步扩大中等职业学校招生规模，要使各类中等职业学校的招生和在校生数在高中阶段教育中的比重有所增长"。《教育部办公厅关于做好 2014 年高中阶段学校招生工作的通知》提出 "要将应届初中毕业生有序分流到普通高中和中等职业学校，原则上要按 50% 的比例引导应届初中毕业生向中等职业学校分流"。《国务院关于加快发展现代职业教育的决定》（国发〔2014〕19 号）提出 "总体保持中等职业学校和普通高中招生规模大体相当……总体教育结构更加合理。"本书提出的 2020 年的参考值为 5：5。

四 班级规模指标的设计

（一）班额过大现象严重

2010 年全国小学校均规模为 386.18 人，初中校均规模为 962.35 人。有一半省份的城市初中校均规模超过国家最高标准，县镇学校如果按照城市建标计算则近三分之一、按照农村建标计算则三分之二的省份超过国家最高标准。自 2001 年以来，城市和县镇小学校均规模逐年大幅上升，农村变化不大。城市的初中校均规模持续大幅上升，县镇初中校均规模自 2004 年以后平稳中略有下降，农村初中持续大幅下降。2010 年全国小学平均班额 37.99 人，班额 45 人以上的班级占 32.76%，初中平均班额 52.90

人，班额 55 人以上的班级占 36.58%，县镇大班额问题最为突出。与 2001 年相比，班额构成比例发生了较大变化，大班额比例增多而小班额比例下降。城市和县镇小学班额持续增长，农村初中下降幅度最大。适当控制学校和班级规模是提高教育质量的必然要求。我国的大班额现象在普及义务教育初期是不得已的选择，它在缓解人民群众的教育需求与教育资源供给不足的矛盾上起到了重要作用。随着我国国力不断提升，义务教育投入持续增长以及学生数量不断下降，大规模学校、大班额情况反而逐渐增多，很不合理。大班额、大规模学校对学生身心发展不利，新时期我们应当站在科学发展观的高度，一方面均衡配置教育资源，提高农村教育质量；另一方面要以人为本、科学规划学校规模和布局调整。[①] 统筹考虑城乡人口流动、学龄人口变化情况，科学制定学校布局规划，严格规范学校撤并程序和行为，不宜撤并的小规模学校应当予以保留并保障教育质量。

(二) 班级规模指标的测量和参照系

班额达标率是指达到规定班额标准的班级数所占比例，主要反映教育资源配置公平、教育质量和教育公平。计算时，班额达标率采用达到规定班额标准的班级数与班级总数的百分比表示。班额标准幼儿园小班 25 人，中班 30 人，大班 35 人，小学 45 人，普通初中 50 人，普通高中 50 人。

全国幼儿园和中小学没有达到国家班额标准要求的现象突出，《教育规划纲要》提出"推行小班教学"，"逐步消除大班额现象"。《国务院关于深入推进义务教育均衡发展的意见 (2012)》

---

① 刘芳：《中国义务教育发展报告 2012》，教育科学出版社 2013 年版，第 3 页。

第四章 教育过程评价指标体系研究

提出"要采取学校扩建改造和学生合理分流等措施,解决县镇'大校额'、'大班额'问题"。本书提出 2020 年班额达标率的参考值为 100%。

五 教育政策的公众参与指标的设计

(一)教育政策需要更多的社会参与

教育改革的推进、教育政策的执行离不开社会的广泛支持。以学校布局调整为例,学校学生及家长是农村学校布局调整的直接当事人,学校的撤并应广泛征求学校和家长的意见。近年来一些地方在学校撤并过程中未能征得学校的理解和同意,甚至通过行政力量强行撤并学校,导致了一些群体性事件的发生,影响了教育的健康发展。为了保障学生家长在学校撤并中的知情权和参与权,各地对于确需撤并的学校要严格履行撤并手续,包括撤并方案的制订、论证、公示、报批,使学校撤并完全置于公众的监督之下;要广泛听取学生家长、学校师生、村民自治组织和乡镇政府的意见,同时对参加听证会的代表人数、学生家长所占比例等作出要求,确保学生家长的意见在学校撤并中得到充分体现。[①]

(二)教育政策公众参与指标的测量和参照系

教育决策的社会参与度是指教育措施决策社会参与度有明确规定并有效落实。主要反映区县教育行政部门制定重大公共教育政策过程中民主决策机制的完善程度,反映县域教育改革与发展的重大决策注重专家咨询、社会公众广泛参与,关注决策的执行和落实,建立了执行效果的评估与反馈机制。具体测算分为是否

---

① 宋乃庆、李森、朱德全:《中国义务教育发展报告 2013》,西南师范大学出版社 2014 年版,第 25—26 页。

有相关规定和规定是否有效落实。其中，是否有相关规定通过查看相关教育政策法规文本和会议记录等方式加以考核；规定是否有效落实通过问卷调查反映。

《教育规划纲要》提出"提高政府决策的科学性和管理的有效性。规范决策程序，重大教育政策出台前要公开讨论，充分听取群众意见。成立教育咨询委员会，为教育改革和发展提供咨询论证，提高重大教育决策的科学性"。2020年相关政策文本健全率达100%，问卷调查结果逐年改善。

六 教育行政职能转变指标的设计

(一) 教育行政职能亟待转变

在政校关系中政府的教育行政职能存在错位、越位和缺位的现象，给政府自身和学校发展带来了负面影响。教育行政部门干预过多，不仅造成自身精力分散，负担过重，出现决策失误、政策失灵、效率低下等问题，同时限制了学校办学自主权，压抑了校长的办学热情，滋长学校对政府的过度依赖，还限制了社会中介力量参与办学，阻碍教育中介组织的发育。① 根据教育发展的自身规律和教育现代化的基本要求，以构建政府、学校、社会新型关系为核心，以推进管办评分离为基本要求，以转变政府职能为突破口，建立系统完备、科学规范、运行有效的制度体系，形成政府宏观管理、学校自主办学、社会广泛参与的格局，更好地调动中央和地方两个积极性，更好地激发每个学校的活力，更好地发挥全社会的作用。政府宏观管理，就是要转变职能、简政放

---

① 褚宏启：《政府与学校的关系重构》，《教育科学研究》2005年第1期。

权、优化服务，把该放的放掉，把该管的管好，做到不缺位、不越位、不错位。学校自主办学，就是要落实学校办学主体地位，明确权利责任，自我管理、自我约束、自我发展。社会广泛参与，就是教育质量要接受社会评价、教育成果要接受社会检验、教育决策要接受社会监督，最大限度吸引社会资源进入教育领域。政府、学校、社会，管、办、评三者之间，权责边界既应当是清晰的，又一定是相对的，既相互制约又相互支持，由此形成现代教育治理体系，不断提升现代教育治理能力。

（二）教育行政职能转变指标的测量和参照系

依法行政与简政放权是指依法行政和简政放权有明确规定并有效落实，主要反映政府依法行政和政校关系的情况，做到有法可依，有法必依，扩大学校办学自主权。具体测算分为是否有相关规定和规定是否有效落实。其中，是否有相关规定通过查看相关教育政策法规文本和会议记录等方式加以考核；规定是否有效落实通过问卷调查反映。

《教育规划纲要》提出："探索建立符合学校特点的管理制度和配套政策，逐步取消实际存在的行政级别和行政化管理模式。""政府及其部门要树立服务意识，改进管理方式，完善管理制度，减少和规范对学校的行政审批事项，依法保障学校充分行使办学自主权。""以简政放权和转变政府职能为重点，深化教育管理体制改革，提高公共教育服务水平。推进中央向地方放权、政府向学校放权，明确各级政府责任，规范学校办学行为，促进管办评分离，形成政事分开、权责明确、统筹协调、规范有序的教育管理体制。""改变直接管理学校的单一方式，综合应用立法、拨款、规划、信息服务、政策指导和必要的行政措施，减少不必要的行政干预。"2020 年相关政策文本健全率达 100%，问卷调查结果逐年改善。

七 学校管理指标的设计

学校管理通过学校依法治校水平和学校民主管理水平两个指标从依法治校和民主管理两方面展开。

(一) 学校管理存在问题

义务教育阶段"依法治校"仍待落实。2012 年 11 月 23 日，教育部印发《全面推进依法治校实施纲要》，指出新形势下全面推进依法治校的重要性和紧迫性，要求通过依法治校，形成政府依法管理学校，学校依法办学、自主管理，教师依法执教，社会依法支持和参与学校管理的新格局，全面提高学校依法管理的能力和水平。此后，各学校加强制度建设，重视对校长和教师的法制培训，积极创建依法治校示范学校，探索了不少成功的经验，依法办学和依法管理的意识和能力明显提高。但还存在以下问题：工作进展不平衡，一些地方和学校对依法治校认识还不到位，制度不健全；一些人民群众反映强烈的违法办学、违规招生、违规收费等问题在个别地区和学校还不时发生；学校管理者和教师运用法律手段保护自身权益、依法对学生实施教育与管理的意识与能力还亟待提高；政府教育管理职能转变还未完全到位，部分教育行政管理人员依法行政意识和能力还不强。[1] 这些问题的存在，在一定程度上影响了国家教育方针的贯彻落实，影响到教育科学发展与深化改革的进程。解决以上问题，必须进一

---

[1] 教育部：《关于印发〈全面推进依法治校实施纲要〉的通知》，http://www.moe.edu.cn/publicfiles/business/htmlfiles/moe/s5933/201301/146831.html，2012-11-22。

第四章 教育过程评价指标体系研究

步深化教育改革，加快转变政府职能，全面加快推进依法治校。

学校内部治理结构是学校组织系统、决策系统、执行系统、监督系统、评价系统的制度及运行逻辑的布局设计，是一所学校的办学思想、文化价值的隐性表达，也是以教师、学生、家长为代表的各种办学力量在学校组织设计中的直接呈现。在学校内部治理层面，学校建立了教职工代表大会制度、家长委员会、学术委员会等组织，但这些组织还是一种形式，一种摆设，没有真正发挥作用。为此，需要打破教育治理结构的传统思路，通过机制创新为教师参与、家长参与创设合适途径和渠道。

（二）学校依法治校指标的测量和参照系

学校依法治校水平是指学校坚持依法办学的原则、坚持"以人为本"的管理理念，内部治理结构完善、办学自主权落实、与社会互动良好等。其中，坚持依法办学是指制定学校章程，学校依照章程组织和管理教育教学工作，处理学校与政府、与家长、与社会之间的关系；落实学校办学自主权是指落实校长负责制，同时建立与校长负责制相配套的校长问责制，落实学校法人地位。该指标主要考察现代学校制度的建设情况。具体测算分为是否有相关规定和规范是否有效落实到位。其中，是否有相关规定通过查看相关教育政策法规文本比如是否制定学校章程、实践落实的专项自评报告等方式加以考核；规定是否有效落实通过问卷调查反映。

《教育规划纲要》提出"适应中国国情和时代要求，建设依法办学、自主管理、民主监督、社会参与的现代学校制度，构建政府、学校、社会之间新型关系"。2020年相关政策文本（学校章程）健全率达100%，问卷调查结果逐年改善。

学校民主管理水平主要是校务委员会、教职工代表大会、家长委员会的建立和发挥情况，反映学校内部治理民主情况。具体测算分为是否有相关规定和规范是否有效落实到位。其中，是否有相关规定通过查看相关教育政策法规文本比如是否有教职工代表大会制度、中小学家长委员会制度、校务信息公开制度等方式加以考核；规定是否有效落实通过问卷调查反映。

《教育规划纲要》提出"完善普通中小学和中等职业学校校长负责制。完善校长任职条件和任用办法。实行校务会议等管理制度，建立健全教职工代表大会制度，不断完善科学民主决策机制。扩大中等职业学校专业设置自主权。建立中小学家长委员会。引导社区和有关专业人士参与学校管理和监督"。2012年，国家全面推进依法治校，力争形成现代学校制度。为全面推进依法治校，教育部与国务院相继出台了《全面推进依法治校实施纲要》及《教育督导条例》，进一步完善了教育的基本制度，力求从制度与法律层面对各级政府履行教育法律法规和方针政策的情况进行监督。同时，在中小学建立家长委员会，充分发挥家长作用，促进家校交流与合作。此举对于完善中小学管理制度，建立现代学校制度具有重要意义。2020年相关政策文本（教职工代表大会制度、中小学家长委员会）健全率达100%，问卷调查结果逐年改善。

第五章 教育投入评价指标体系研究

第一节 教育投入评价指标框架的设计

一 教育投入评价的必要性

教育现代化和现代教育需要资源作保障，否则教育现代化的进程展开、教育现代性的充分实现会受到限制，甚至难以为继。可以说，教育投入是教育现代化的基础和重要组成部分，是教育现代化实现的条件与保障。

教育资源是指用于教育服务生产过程中所投入的各种生产要素，也就是一般理解的人力资源、财力资源和物力资源。比如，全社会为了提供一定数量的公共教育服务，需要配置多少师资力量和管理人员，需要从财政预算当中拨付多少经费专门用于教育，需要提供多少土地、设备等用于教育机构的兴建和运转，等等。从投入的角度来看，这些都属于教育生产过程所消耗的各类教育资源，这些教育资源一般为各级教育行政人员所关心。

"现代教育的资源保障"问题的实质是：应该怎样提供、应该提供什么样的人力资源、财力资源、物力资源保障，才能有效推进教育现代化、实现教育的现代性？尽管教育的现代性包括教育的人道性、多样性、理性化、民主性、法治性、生产性、专业性、自主性等诸多内容，但与资源保障有直接关联的是"理性化"和"人道性"。"理性化"的本质是合理性，具体而言，提供的人力资源应该具有专业性、提供的财力资源应该具有充足性、提供的物力资源（含信息技术）应该具有技术性；在资源配置中，"人道性"要求人财物等资源的配置要体现"公平性"。但是，目前对教育投入的评价存在较多问题，比如重硬件建设，轻软件建设，目前很多中小学校舍装修、计算机教学设备齐全、校园环境优美，但是却留不住教师，以致音乐、美术、体育、信息等课程开不起来；重视教育投入充足性的考察，对教育支出结构关注较少；重视教育信息设施的建设，对教师信息技术能力关注不够，等等。

二　教育投入评价指标的框架

一般而言，教育投入从人力资源、财力资源、物力资源（包括信息化）三个方面阐述现代教育的资源保障。基于此，本书从师资队伍、教育经费和办学条件三个维度考察教育投入的现代化。

第二节　师资队伍评价指标研究

教师是立教之本、兴教之基、强教之源。塞尔维亚教育政策

第五章　教育投入评价指标体系研究

研究中心认为，教师质量是教育质量的中心，在制定教师政策时需考虑教师效能的差异性、创建专业化的学校环境、建立更加健全的教师晋升体系。① 师资队伍现代化是教育现代化的重要组成部分。

一　师资队伍评价指标框架的设计

（一）师资队伍评价指标述评

胡卫等学者指标体系中"师资队伍建设"相关指标主要集中于生师比和教师学历，并且对教师学历的规定细化到基础教育的各个学段。②

陈国良等学者指标体系中"师资队伍建设"相关的指标除了关注生师比和教师学历，同时关注"双师型"教师比例和教师培训。生师比主要衡量教师数量的充足性，教师学历达标率体现普通中小学教师质量，"双师型"教师比例反映职业教育教师质量，同时，增加教师接受培训比例用以保障教师专业发展和素质提升。

成都指标体系中"师资队伍建设"相关指标除了关注生师比、教师学历、"双师型"教师和教师培训外，同时将教师交流纳入指标体系。另外，将幼儿园、小学、初中、高中教师达标比例单列为一个指标，另外增设了"教师学历提高比例"，对教师学历的规定更加细化和深化。

---

① 沈国麟：《国际顶尖智库眼中的 2014 世界局势》，《光明日报》2015 年 2 月 25 日第 16 版。
② 胡卫、唐晓杰：《中国教育现代化进程研究》，教育科学出版社 2010 年版，第 81—84 页。

上海指标体系中有关"师资队伍建设"的指标与成都指标体系类似，主要关注生师比、教师学历、"双师型"教师、教育培训和教师交流等五个方面。其中，教师学历主要通过"学前与义务教育阶段专任教师学历达标率"和"高中阶段专任教师研究生学历所占比例"两个指标来衡量。"中小学教师年培训进修时间"，主要反映中小学专任教师每年用于专业发展的时间。教师交流方面采用"区县内教师合理流动机制基本形成"，主要反映区县政府和教育行政部门为中小学教师资源均衡配置所进行的制度建设和政策措施完善的情况。

江苏指标体系中"师资队伍"相关的指标主要关注教师学历、教育名师和师德建设三个方面。其中，教育名师采用"教师领军人才在全国的比例"，在"教师领军人才"界定中，除"全国优秀教师"外，均属于高校科研院所的专家学者，基础教育阶段的几乎没有，考虑到高等教育不隶属县域教育，不予考虑。可以考虑将"全国优秀教师"纳入教育名师中。师德方面选用师德与专业能力，主要反映各级各类学校教师的师德师风和专业能力建设情况。由于师德属于定性指标，不易测量，所以不予考虑。专业能力方面提到的教师培训和骨干教师占专任教师的比例可考虑纳入县域教育现代化评价指标体系。

广东指标体系中"师资队伍建设"相关的指标除了关注教师队伍建设，还考虑到管理队伍建设，并将管理队伍细分为教育行政队伍和学校管理队伍。其中，师资队伍主要从教师学历和教师培训两个方面进行界定，而学校管理队伍和教育行政队伍主要是定性描述。

上述指标体系中，上海重在监测中小学专任教师总体数量是

第五章　教育投入评价指标体系研究

否保障需求、教师的学历情况和教师在职培训情况，职业学校中双师型教师比例。江苏省重在考察师德与能力建设、教师学历情况、领军人才情况。浙江省主要考察教师数量与学科结构的合理性、教师待遇和培训情况。广东省是按师资、学校管理和教育行政管理"三支队伍"来考察人员的数量和质量。

通过对现有若干指标体系中"师资队伍建设"相关的三级指标梳理发现，师资队伍建设指标主要集中于生师比、教师学历、"双师型"、教师培训、教师交流、教育名师、师德建设和管理队伍建设。其中，生师比则是教师队伍"量的"特征的描述，而教师学历、双师型、教师培训、教育名师、师德建设等大多从教师队伍"质的"特征的描述，教师交流则是教师队伍"结构"特征的描述。以下对上述几个方面分别评议。

第一，生师比。现有指标体系均将"生师比"纳入师资队伍建设指标体系，成都和胡卫指标体系对各学段进行界定，特别是胡卫指标体系将各学段生师比单独作为一个指标。生师比是整体作为一个指标还是分学段分别加以规定？有学者指出，指标数量不是越少越好，也不是多多益善，[①] 关键是内涵丰富。因此，生师比可以细化为"各级教师生师比"，具体计算时由各学段加权而成，这样既不会使指标过多，又照顾到每个学段情况。

第二，教师学历。现有的指标体系均将教师的学历达标纳入师资队伍建设指标体系，区别在于上海、成都和胡卫等学者指标分阶段详细进行了界定并分别作为一个独立指标。与生师比一样，我们将教师学历细化为"各级教师学历达标比例"。

---

① 褚宏启：《教育现代化的本质与评价——我们需要什么样的教育现代化？》，《教育研究》2013年第11期。

第三,"双师型"教师比例。陈国良、上海和成都指标体系均将该指标纳入,同时考虑到当前职业教育发展的迫切性,因此需要将该指标纳入,另外加之"双师型"教师不仅存在于中职院校,也存在于高职院校,而高职院校不在县域教育管辖范围之内,因此,建议将该指标最终定为"中等职业学校专业课教师达到'双师型'教师比例"。

第四,教育培训。江苏、上海、成都和陈国良等学者指标体系均将教师培训情况纳入"师资队伍建设"考核指标,具体指标有教师培训比例和教师培训进修时间两个指标。如果采用"接受培训教师比例"这一指标,需要对培训层次进行界定,如果所有层次的培训都算的话,教师培训比例这一指标就没有什么意义,需要一定比例的教师接受层次稍高的培训。如果采用"教师培训进修时间"这一指标,需要同时对培训层次和培训效果加以界定。为此,我们建议,采用"接受培训教师比例",同时对培训时长加以规定,这样既照顾到全员培训,又能保证每个教师的培训时间。

第五,教育交流。上海和成都指标体系将"区县内教师的合理交流"纳入师资队伍建设指标体系,城乡教师配置严重不均衡,教师结构性缺编严重的情况下,区县内教师交流在一定程度上可暂时缓解农村教师数量不足和小学科教师不足的现象。另外,人力资本的形成有四条途径:学校教育、教育培训、健康和迁移,教师交流也可看成一种迁移,合理的教师交流不仅对农村教师的专业发展有利,同时也会促进城市教师的成长。当然,目前的教师交流存在许多不合理的地方需要进一步解决。在本书中,暂不纳入县域教育现代化评价指标体系。

第五章 教育投入评价指标体系研究

第六,教育名师。江苏指标体系提出将"教师领军人才数在全国的比例"纳入师资队伍建设指标。由于教师领军人才非常少,有的区县甚至不存在,因此,该指标适用于省域教育现代化指标体系,对衡量县域教育现代化实现程度意义不大。但可以考虑将名校长工作室、特级教师、全国优秀教师、骨干教师占专任教师比例等纳入。

第七,管理队伍。广东指标体系除了考虑师资队伍建设情况,还建议把学校管理队伍和教育行政队伍纳入"师资队伍建设"指标体系。这一提法非常必要,但主要是定性指标不易量化,可以考虑同教育名师合并,将名校长工作室和名校长等纳入来表征管理队伍。鉴于生师比、教师学历达标比例等指标均覆盖到学校管理队伍,暂不将管理队伍单列。

(二)师资队伍评价指标框架的确定

一支现代化的教师队伍应该具备三个特征:数量足够(充足性)、质量较高(效能性)和结构合理(公平性)。教师充足性是指要有一支数量足够的教师队伍,充足的教师队伍是教育活动开展的保证,也是教学质量的保障,同时小班化教学对教师数量也提出了新的要求。一般采用"生师比",在小规模学校,尤其是实行包班制的学校也可考虑用班师比代替。教师的效能性是指教师的师德过关、知识过关、技能过硬,主要通过中小学专任教师达标比例体现整体教师质量。教师的结构包括年龄结构、教龄结构、学历结构、职称结构、职能结构(学校管理和教育行政队伍结构、专任教师与教辅人员结构)、学科结构(结构性缺编)和城乡结构等。前四个方面也是对教师自身素质的要求,后三个方面是对教师配置的要求,考虑到教师质量方面已有专任教师学历达标比例体现，学科结构可以由课程开齐开足水平来衡量，因此不单独设立相关指标。另外，增加"接受培训教师比例"是考虑到教师培训不仅可以促进教师专业发展，提升教师整体质量，同时相对于教师交流的"输血"之举，也是从根本上解决农村教师素质较低的"造血"方式。

随着城镇化进程的不断推进，大量随迁子女进城上学，加上农村人口出生率持续降低，农村学龄人数减少。在农村义务教育布局调整的政策下，在撤点并校后村小、教学点师生人数急剧减少，教学设施、师资匮乏，不断被边缘化，村小、教学点的师资补充成为教育管理的盲点。城乡教育差距虽然是全面的，但核心是城乡教师的差距。城乡教师不仅存在数量差距（编制差距），还存在结构差距（学科结构、年龄结构、学历结构、职称结构等）和素质差距（初次配置水平、培训机会等）。在一定程度上，选择学校就是在选择教师，这也是农村的家长想尽办法把孩子送进城镇学校的原因所在。现在的教师政策制度还不完善，导致农村教师，尤其是中西部农村教师和薄弱学校教师工作不安心。随之带来的是农村教育质量低下，农村儿童继续上学的机会减少，城乡社会阶层差距拉大，社会阶层流动固化等一系列问题。

一直以来，在中小学教师编制标准上的"城乡倒挂"，严重制约农村义务教育的发展。2001年，中央编办、教育部、财政部制定的中小学教职工编制标准，主要按照高中、初中、小学等不同教育层次和城市、县镇、农村等不同地域，按照学生数的一定比例核定。这一编制标准，在一定程度上满足了特定历史时期精简多余编制的需要，但存在明显的"城乡倒挂"问题。在当前义务教育改革发展的新形势下，"城乡倒挂"的教师编制标准面临

第五章　教育投入评价指标体系研究

一些新的挑战。一方面,随着城镇化进程的不断加快,农村义务教育学生数量总体回落。按照原来的教师编制标准,虽然农村教师总量可能富余,但结构性短缺问题难以解决。另一方面,随着农村义务教育布局调整的逐步规范,村小学和教学点等农村小规模学校数量有所回升,按照原来的教师编制标准,小规模学校的教师数量不足问题比较突出。①

针对农村义务教育出现的新情况、新变化,农村中小学教师配置标准的调整势在必行。2012年颁布的《国务院关于深入推进义务教育均衡发展的意见》明确提出:各地逐步实行城乡统一的中小学编制标准,并对村小学和教学点予以倾斜。合理配置各学科教师,配齐体育、音乐、美术等课程教师。重点为民族地区、边疆地区、贫困地区和革命老区培养和补充紧缺教师。虽然教师编制"城乡统一"政策已经明确,但各地执行情况并不平衡,落实进度相对缓慢,对此要引起重视。

为此,改革农村中小学教师编制的配备方式。教师编制标准应当以公平、均衡和弱势补偿为基本价值取向,要将教师编制标准的"城乡倒挂"转变为"城乡统一",并向农村倾斜。中小学教师编制标准的调整在保证基本的教育教学需求的前提下,因地制宜、区别对待,不搞"一刀切",同时还要考虑经济发展水平和财政承受能力。实行城乡统一的中小学编制标准,对农村寄宿制学校、村小学和教学点人员的编制单独核算并适当增加。保证每所完小以上规模学校有1名以上音乐、体育、美术和计算机教师。这一改革思路和做法,对于提高农村义务教育办学水平,特

---

① 汪明:《教师编制城乡统一要落地"有声"》,《中国教育报》2014年12月2日第2版。

别是对于提升村小学和教学点的教育教学质量至关重要。

　　同时，需要科学核算教师编制标准。在进行教师编制标准核算时，要统筹考虑总量需求、结构性需求（不同学科课程需求）、差异性需求（走读学校与寄宿制学校的不同需求，一般学校与小规模学校的不同需求）。在核算教师编制时，需要在重点考虑学生数量的基础上，兼顾学科课程类别、学校类型特点和班级数量等因素，切实保障农村学校的师资需求。① 目前，我国教师编制基本是依据生师比例计算的，且长期以来农村学校生师比高于城市。因为，农村学校中小规模的较多，若按照"生师比"的标准配置老师，必然会导致乡村教师数量的不充足。因此，要完善配置教师的衡量标准，合理增加农村教师的编制，在数量上保证农村教师的充足，从而才可能确保农村学校能够开齐、开足国家规定的课程。近年来，各级地方政府加大对农村教师数量的关注，很多地方出台了一些新政策。例如，山东省出台《关于调整中小学教职工编制标准的意见》（以下简称《意见》），其最大的变化在于实行城乡统一的编制标准。按照《意见》规定，高中、初中和小学学生与教师职工比分别为12.5：1，13.5：1，19：1。

　　就教师质量而言，1966年，联合国教科文组织和国际劳工组织致各会员国《关于教师地位的倡议书》中，第一次以国际跨政府间的名义，确认教学是一种崇高的专业，教师是至关重要的"专业工作者"。20世纪80年代，以美英为首的发达国家相继研制并实施了一系列教师专业标准，中国也紧随国际教师专业发展的潮流，在1993年10月31日《中华人民共和国教师法》中明确

---

① 汪明：《教师编制城乡统一要落地"有声"》，《中国教育报》2014年12月2日第2版。

指出：教师是履行教育教学职责的专业人员，承担教书育人、培养社会主义事业建设者和接班人、提高民族素质的使命。这是我国第一次以法律的形式，确立教师专业人员的地位。2011年12月12日，教育部颁发《中小学教师专业标准（试行）（征求意见稿）》，推动了我国教师专业化进程，这是中国教师专业发展的里程碑。

教师专业标准是中国对中小学合格教师在专业上的基本要求，是教师开展教育教学工作的基本规范，是引领教师专业发展的基本准则，是教师培养、准入、培训、考核等工作的重要依据。它的框架由基本理念、基本内容与实施建议三大部分构成。基本理念提出教师要以学生为本，师德为先，能力为重，终身学习。基本内容由维度、领域和基本要求组成，分别对小学、中学教师的专业理念与师德、专业知识和专业能力提出60余条具体要求。实施建议分别对教育行政部门、教师教育机构和中小学教师提出了相关要求。

教师专业标准的颁布具有重大意义。第一，教师专业标准是提高教师队伍整体素质的重要保障。教师职业有自身的严格要求，这些要求是什么？具备什么样素质的人才能从事教师职业？这就必须通过教师专业标准来规范和要求。只有达到教师专业标准的人才能进入教师队伍的行列，才能从事教师职业。在教师的聘用过程中，教师专业标准可以严把入口关，只让符合专业标准的人员进入教师队伍。第二，教师专业标准保障教育教学活动的科学性和有效性。教师专业标准对教师的观念、知识、行为等提出了明确的要求和规范，对教师在教育教学活动中的表现作出了相对具体的规定，从而使得教育教学活动得以科学、有效地展开。第三，教师专业标准是教师专业发展的重要依据。教师专业标准对教师的品德、知识、能力等都作出具体的规定，提出明确的要求。这就使得教师、学校、教育行政部门等，都清楚地知道教师的专业发展包括哪些内容，具体要求什么，可以对照标准了解哪些方面达到了要求，哪些还需要加强，为教师的专业发展提供明确的方向和目标。第四，教师专业标准是教师教育的重要指南。教师教育是影响教师队伍质量的重要因素。教师专业标准实质上细化和体现了教师队伍的质量要求。因此，教师教育的目标、内容、方式、评估等，都应当以教师专业标准为指南，这对提高教师教育质量具有重大意义。[1]

在本书中，我们采用"教师学历"表征教师质量。由于国标对学历的要求相对较低，学历达标率接近100%，无法确切衡量教师学历水平。因此，建议采用"高于规定学历教师比例"这一指标衡量义务教育阶段教师学历水平。此外，针对中职教师，建议采用"中职教育'双师型'教师所占比例"。为了提高教师质量，促进教师专业发展，本书设置"接受教师培训教师比例"和"境外教师进修比例"两项教师培训相关指标。

二　教师数量指标研究

（一）农村教师数量不足，结构不合理

随着城镇化的推进和农村学生生源的减少，目前全国范围的教学点、一人校、非完全小学还不少，农村小学规模小，每班人数少，但农村小学教师通常要跨年级、跨学科上课，上课的课时

---

[1] 宋乃庆、李森、朱德全：《中国义务教育发展报告 2013》，西南师范大学出版社 2014 年版，第 29 页。

第五章　教育投入评价指标体系研究

量比城区小学教师多，而且备课量也是城区教师的几倍。目前，国家教师编制政策是农村小学按每21名学生配备1名教师、城区小学按每19名学生配备1名教师。按照现有编制政策，一所50人的农村小学，只能配2个半教师，致使一位教师要同时担负好几个年级和好几门课程的教学任务，甚至有的学校就一位教师，他们不仅要负责日常教育教学任务，还要负责很多留守儿童的上下学接送工作，任务重，压力大，病假都不敢请。[①]

从教师编制来说，农村教师编制问题值得关注。教师编制有总量性缺编和结构性缺编之分。就总量性缺编而言，如寄宿制学校的生活教师、小规模学校的学科教师缺失。调查显示，乡村教师平均要教2.38门课，有33.88%教3门以上课程，而城市和县城教师只教1.14门，教3门以上课程的教师比例仅为4%。[②] 农村教师队伍往往表现为总体上超编，实际上却是结构性缺编，尤其是音乐、体育、美术、信息技术、英语等学科教师及一线教师紧缺，已成为制约农村教育发展的紧迫问题。结构性编制在下文专门论述，此处不展开。

农村教师，特别是年轻教师流失严重。教育部哲学社会科学研究重大课题攻关项目"我国义务教育均衡发展改革研究"课题组对中西部一些艰苦边远地区学校的抽样调查表明，50%的校长反映近年来有教师流失的情况，且流失的主要是骨干教师和35岁以下的青年教师，有的地方甚至由于教师的大量流失，致使学校无法正常开课，有些村小只剩一个"留守"教师。[③] 有媒体反映

[①] 阳锡叶、舒文：《教师编制亟须向农村倾斜》，《中国教育报》2014年第2期。
[②] 魏哲哲：《留住农村教师，靠什么？》，《人民日报》2014年10月9日第18版。
[③] 范先佐：《农村教师拿什么留住你？》，《中国教育报》2013年10月17日第5版。

一所农村学校 30 多名教师在一次通过考试中被城里中学选走 9 位年轻优秀教师，12 个班主任一下少了 5 个，新教师一时难以到位，学校的开学工作陷入瘫痪。①

多年来，国家对农村教师队伍建设采取了一系列举措，也取得了明显成效，但农村教师队伍仍是全国教师队伍建设的薄弱部分，还需要进一步强化。有调研发现，农村教师课时较多，备课时间少，有的教师身兼多门课程，还有校内其他兼职工作，抽不出时间参加在职学习；有的老师甚至生病了都很难及时请假医治；有的寄宿制学校没有专门的管理员，晚上由教师轮流值班。②种种情况表明，农村学校教师队伍人数配置不合理，很难满足农村学校发展的需要，教师编制政策需要重新审视。

从结构上来说，教师结构包括年龄结构、学科结构和职称结构。从年龄结构上说，农村教师"老龄化"问题突出。老龄化的程度在各地状况不一样，中西部地区更严重一些。特别是在小规模学校的教学点，教师几乎全部接近退休年龄。一项对长沙的调查显示，长沙市农村非完全小学教师平均年龄为 46.28 岁，与城区小学在职教师平均年龄 36.57 岁相比，高出近 10 岁。③老龄教师无论在知识结构、思想观念还是教学方式上均达不到国家的底线要求。

从学科结构上说，存在结构性缺编现象，即音乐、体育、美术、信息技术、外语等学科教师缺乏。音体美教师缺编，尤其是在农村学校。一项对长沙市的调研显示④，长沙市 203 所农村非

---

① 柳青河：《农村学校为啥缺乏吸引力》，《人民日报》2014 年 10 月 9 日第 18 版。
② 袁桂林：《农村教师编制政策需重新审视》，《人民日报》2014 年 11 月 6 日第 17 版。
③ 阳锡叶、舒文：《教师编制亟须向农村倾斜》，《中国教育报》2014 年 2 月 25 日第 2 版。
④ 同上。

完全小学中，外语、音乐、体育、美术和科学专任教师数分别只有36人、9人、21人、11人和2人。而统计的长沙城区138所小学中，外语、音乐、体育、美术和科学专任教师数分别为313人、243人、323人、214人和223人，人数相差十几倍。

从职称结构上来说，乡镇以下教师获得高级职称比例低。有调研显示[①]，以小学职称为例，城市小学"小教高级"占比48.38%，县城小学占比达55.94%，高出乡镇小学7.56个和8.56个百分点，村屯小学最少，只有41.57%。另外，职称晋升慢。在中高级职称的评定上，城市教师所用的时间最少，越是接近农村所用的时间也越多。从小学看，晋升"小学高级"，村屯教师平均要比城市教师多花4.43年，比县城教师也要多花5.17年。

（二）教师数量指标的测量和参照系

1. 教师数量指标的测量

衡量教师数量充足与否的指标有师生比和班师比。早在1984年国家教委等机构联合发布的《关于中等师范学校和全日制中小学教职工编制标准的意见》中采用的是班师比，同时分区域即城镇和农村提出了不同的教师编制标准。2001年10月，中央编办、教育部、财政部发布的《关于制定中小学教职工编制标准的意见》采用的是师生比，同时分区域即城市、县城和农村提出了不同的教师编制标准。2002年，教育部依据《关于制定中小学教职工编制标准意见》制定了《中小学班标准额与每班配备教职工数参考表》，核算出相应的班师比，并分城市、县镇、农村提出了不同的教师编制标准。《教育规划纲要》提出："创新农村教师补

---

① 魏哲哲：《留住农村教师，靠什么？》，《人民日报》2014年10月9日第18版。

充机制,完善制度政策,吸引更多优秀人才从教。"《国务院关于加强教师队伍建设的意见》(国发〔2012〕41号)规定:"各地逐步实行城乡统一的中小学编制标准,并对村小学和教学点予以倾斜。合理配置各学科教师,配齐体育、音乐、美术等课程教师。重点为民族地区、边疆地区、贫困地区和革命老区培养和补充紧缺教师。"2013年1月,教育部颁布了《幼儿园教职工配备标准(暂行)》对幼儿园教职工配置提出相应的标准要求。因此,从政策依据方面,班师比和师生比均有相应的政策依据。以单一的"生师比"作为标准的教师配置方式,在一定程度上加剧了中小学教师编制的"城乡倒挂"问题。从今后的改革趋向看,在以"生师比"为主的基础上,引入"科师比"有助于缓解大部分农村学校教师结构性短缺问题,引入"班师比"有助于缓解村小学和教学点等小规模学校教师数量的不足问题,因而值得探索。[①]考虑到城市大班额现象和农村小规模学校的现状,同时也为与班额达标率相呼应,本书在采用"生师比"的同时,引入"班师比"综合衡量教师充足性。需要指出的是,以上编制标准依据学段即小学、初中、高中均有所不同。同时,该指标也是联合国教科文组织《全球教育摘要》、经合组织《教育概览》等常用指标,具有国际可比性。另外,社会公众对教师数量高度关注,敏感度高。

生师比是指每位教职工对应的学生数,班师比是指每个班级平均对应的教师数。体现教师数量的充足程度,反映教育的条件保障水平。在具体计算时,生师比是指在校生总数与对应学段教

[①] 汪明:《教师编制城乡统一要落地"有声"》,《中国教育报》2014年12月2日第2版。

第五章 教育投入评价指标体系研究

职工总数之比;班师比是指教职工总数与对应学段班级数之比。计算生师比时统计学生数和教职工数,需要对幼儿园、小学、初中、高中学校四个层次分别计算,分别按学生数综合加权计算。同理,计算班师比时统计班级数和教职工数,需要对幼儿园、小学、初中、高中学校四个层级分别计算,分别按班级数综合加权计算。至于班师比和班师比的权重问题,由各地根据当地实际自行确定,小规模学校要加大班师比的权重。

2. 教师数量指标的参照系

2013年1月,教育部颁布的《幼儿园教职工配备标准(暂行)》对幼儿园教职工配置提出相应的标准要求。就生师比而言,该标准提出全日制和半日制幼儿园教职工与幼儿比分别为1:5—1:7、1:8—1:10。就班师比而言,全日制幼儿园不分小班、中班和大班,班师比均为3,半日制幼儿园除了规定每班的专任教师为2人外,提出有条件的应配备1名保育员。本书按现有政策文本中全日制最高标准配备,幼儿园生师比初步定为7,班师比初步定为3。

在教师编制标准建设上,1984年国家教委等机构联合发布了《关于中等师范学校和全日制中小学教职工编制标准的意见》,该意见明确提出了分区域即城镇和农村不同的教师编制标准。2001年10月,中央编办、教育部、财政部又发布了《关于制定中小学教职工编制标准的意见》,之后国务院办公厅对该文件以通知形式进行了转发。该文件中对生师比的规定是小学生师比农村23、县镇21、城市19;初中生师比农村18、县镇16、城市13.5;高中生师比农村13.5、县镇13、城市12.5。2002年,教育部依据《关于制定中小学教职工编制标准意见》

制定了《中小学班标准额与每班配备教职工数参考表》，该文件对小学班师比的规定是农村各地酌定，县镇1.9—2.1，城市2.1—2.4；初中班师比是农村2.5—2.8，县镇2.8—3.1，城市3.3—3.7；高中生师比是农村3.3—3.7，县镇3.5—3.8，城市3.6—4。《国务院关于加强教师队伍建设的意见》（国发〔2012〕41号）规定："各地逐步实行城乡统一的中小学编制标准，并对村小学和教学点予以倾斜。合理配置各学科教师，配齐体育、音乐、美术等课程教师。重点为民族地区、边疆地区、贫困地区和革命老区培养和补充紧缺教师。"在本书中，小学、初中和高中按现有政策文本中城市标准的底线值配备，即小学、初中、高中的生师比分别为19、13.5和12.5，班师比分别为2.1、3.3和3.6。

三 教师质量指标研究

（一）城乡教师质量差异拉大，中职"双师型"教师资格认定模糊

随着中小学布局调整，农村中小学建设资金集中分配到县城学校，优质师资也不断向县城学校流动，形成新的教育资源失衡。山东省审计厅对50个县（市）农村中小学布局调整情况进行专项审计表明，截至2011年底，50个县（市）县城中小学有本科以上教师41551人，比2006年增长124.22%，但乡镇及以下农村中小学有本科以上教师28352人，仅增长了83.08%。2011年，4个县13个农村教学点分别仅有1名教师，负责教授一至三年级学生的全部课程。此外，有39个县还从乡镇及以下农村中小学选调了6848名优秀教师，城乡优质师资差距进一步

第五章 教育投入评价指标体系研究

拉大。①

对于农村教师短缺,优秀教师下不去、留不住的问题,国家出台了相应的政策措施。具体来说,一是多渠道补充农村教师队伍。如特岗计划和免费师范生政策。2006年教育部、财政部等部门发布了《关于实施农村义务教育阶段学校教师特设岗位计划的通知》,招聘高校毕业生到"两基"攻坚县的农村义务教育阶段学校任教,主要面向农村初中,适当兼顾乡镇中心学校,每位特岗教师的聘期3年。2007年,免费师范生政策在6个教育部直属师范大学试点实施。截至2012年,培养教师6万多名,其中90%到农村中小学任教。二是改善了农村教师的地位和待遇。将中小学教师的工资全部纳入国家财政的预算中来,并提出了相应的扶持政策等,如教师职称评聘向农村地区倾斜,对农村教师实行特殊津贴,实施农村教师周转宿舍建设等。三是实施教师交流制度,提升农村教师队伍的专业水平。如江苏省把教师的均衡配置作为推进义务教育优质均衡发展的重要手段,建立校长和教师定期交流制度,规定校长在同一学校连任不得超过两届,教师按照每年不低于专任教师总数15%、骨干教师按照每年不低于骨干教师总数15%的比例进行交流,从而有效地均衡了区域内城乡间、校际间的教师队伍,极大地提升了农村教师队伍的专业水平。

随着我国职业教育的迅速发展,职业教育师资队伍面临的问题除了"双师型"教师数量缺口大外,"双师型"教师资格认定标准的模糊性、专业技术职务评审与普通教育的标准同质化、现有劳动人事管理政策难以引进一线中高级专业技能人才、企业从

---

① 魏海政:《城乡优质师资差距进一步拉大》,《中国教育报》2013年9月8日第1版。

各自利益出发而不愿意接受教师参加岗位生产实践等因素制约，导致我国"双师型"结构教师队伍的发展和建设速度缓慢。新加坡非常重视"双师型"结构师资队伍建设，80%以上教师来自企业的经理和业务骨干。因此，当务之急必须建立和完善教师社会实践制度，制定适合职业院校发展的教师编制标准，改革职称评聘方法，拓宽师资来源途径，引入竞争和激励机制，打造高水平职教师资队伍。

（二）教师质量的测量和参照系

1. 普通中小学专任教师学历的测量和参照系

就普通学校教师质量而言，《教育规划纲要》要求"完善并严格实施教师准入制度，严把教师入口关。国家制定教师资格标准，提高教师任职学历标准和品行要求。建立教师资格证书定期登记制度"。同时，该指标也是国家、地区常用统计指标。专任教师学历水平是指高于规定学历要求的专任教师数占专任教师总数的比例，主要反映教师素质水平，体现教育条件保障及质量水平。按照相关政策文本，各学段"规定学历"是小学为中师或高中，初中为专科，普通高中和中职学校为本科。在具体计算时，专任教师学历水平是指高于规定学历专任教师数与相应学段专任教师总数之比。具体统计过程中按小学、初中、普通高中、中职学校等分学段统计，按照教师数加权综合计算。

1993年颁布的《中华人民共和国教师法》规定了各学段教师的学历：幼儿园教师为幼师及以上，小学教师为中师及以上，初中教师为专科及以上，高中阶段教师为本科及以上。2010年，小学专任教师学历以专科为主，占比达到54.58%，其次是本科和高中，占比分别为23.59%和21.23%；小学高于规定学历教师比例达到78.29%。初中专任教师学历以本科为主，占比达到63.41%，其次为专科占比为34.60%；初中高于规定学历教师比例达到64.05%（见表5-1）。由于国标对学历的要求相对较低，学历达标率接近100%，但高于规定学历比例尚有较大提升空间。在本书中，我们将小学、初中和高中阶段的高于规定学历教师的比例分别定为100%、95%和15%。

表5-1　　　　2010年义务教育阶段专任教师学历结构　　　（单位：%）

	研究生	本科	专科	高中	高中以下	学历合格	高于规定学历
小学	0.11	23.59	54.58	21.23	0.48	99.52	78.29
初中	0.64	63.41	34.60	1.32	0.03	98.65	64.05

2. 中职"双师型"教师比例的测量和参照系

就中职学校教师的质量而言，《教育规划纲要》提出"以'双师型'教师为重点，加强职业院校教师队伍建设"。中职教育"双师型"教师比例是指中职教育专业课教师中双师型教师所占比例，主要反映教育条件与保障水平，体现职业院校人才培养质量及保障。在具体计算时，中职教育"双师型"教师比例用职业教育专业课教师中双师型教师数与职业教育专业课教师总数之比表示。所谓"双师型"教师是通过省级教育行政部门认定、持有专业技术资格证书和职业资格证书的职业院校教师，能同时进行理论教学和实践教学。在测算时，职业教育专业课教师含生产实习指导教师，同时将专业课和生产实习指导教师中的"双师型"教师分别统计。

2014年6月颁布的《现代职业教育体系建设规划（2014—2020）》提出"到2020年，有实践经验的专兼职教师占专业教师总数的比例达到60%以上"。本书将中职教育"双师型"教师比例 2020 年的目标值定为 60%。

四 教师参与培训指标研究

（一）教师培训的针对性和有效性有待改善

教师培训是教育专业发展的有效途径，在职教师参与培训学习屡见不鲜，尤其自 2010 年以来实施的国培计划，教师培训受到了国家的特别重视和支持。各种层次类型的教师培训对教师的专业发展起到了很大的促进作用，但是，相关的培训在实施中也存在一些问题，如"过于注重理论学习，培训内容脱离实际，培训方式单一，缺乏有效的管理机制，培训观念落后等"。此外，培训教师参与度差，培训成本高，教师参训后是否真正受益以及受益多少也常为人诟病，甚至更有过激者提出"国培"就是"国赔"。因此十分有必要对当前的国培、地方培训等做一个全面的了解和分析，准确地把握教师培训所取得的成就与存在的突出问题，总结具有地方特色的教师培训模式和典型经验，为今后的教师培训管理与决策服务提供参考建议。

（二）教师参与培训指标的测量和参照系

1. 教师培训指标的测量

就参与培训的机会而言，《教育规划纲要》提出"完善培养培训体系，做好培养培训规划，优化队伍结构，提高教师专业水平和教学能力。通过研修培训、学术交流、项目资助等方式，培养教育教学骨干、'双师型'教师、学术带头人和校长，造就一批教学名师和学科领军人才"。同时，该指标也是世界银行教育数据库统计指标，具有国际可比性。《国务院关于加强教师队伍建设的意见》（国发〔2012〕41 号）规定"实行五年一周期不少于 360 学时的教师全员培训制度,推行教师培训学分制度"。接受培训教师比例是指按规定每年接受 72 学时以上培训的专任教师占专任教师总数的比例,主要体现教育条件与保障,反映教师教育教学能力及质量水平。在计算时,接受培训教师比例用每年接受 72 学时以上培训的专任教师数与专任教师总数之比表示。在测算时需注意:根据《国务院关于加强教师队伍建设的意见》,每年接受 72 学时以上培训方可统计为接受一定学时培训的专任教师数。另外,需对幼儿园、小学、初中、普通高中按照教师数加权综合进行计算。

2. 教师培训指标的参照系

《教育规划纲要》将"提高教师培养质量"确立为新时期教师培训的重点任务。2011 年,教育部发布《关于大力加强中小学教师培训工作的通知》,制定和全面启动了面向 21 世纪教师的"中小学教师继续教育工程",将教师的继续教育服务范围扩展到全国范围,服务对象扩展到全体教师。特别值得一提的是,教育部"国培计划"分年度、分项目出台了《2010 年中小学教师国家级培训计划——示范性项目实施方案》等政策,对教师培训的覆盖面和相关要求都做出了非常具体的规定,使我国义务教育阶段教师培训的途径更加丰富、多元。本书将幼儿园、小学、初中和普通高中学段接受教师培训的比例定为 100%,可以说这一指标是很容易完成的。

就参与培训的质量而言,《教育规划纲要》明确要求"加强中小学、职业学校对外交流与合作"。教师到境外进修学习是教育对外交流的一种重要形式,主要目的是开阔教师视野,学习国外先进的教育理念,提高教师的职业能力,提升教师对世界各国文化的理解能力和包容水平。到境外进修学习，能了解相关专业领域的前沿知识，并与境外同行进行交流与合作，提升知识创新和技术创新的能力。在未来几年，将通过逐步扩大教师到国外进修学习的比例，提升教育的国际化水平和开放水平。到境外进修学习的教师比例是指境外进修的教师人数占教师总数的比例，主要反映各级各类学校教师参与国际教育交流的程度。所谓"境外"包括国外、港、澳、台等地区，同时基金会、校友会、同乡会等组织的境外短期考察纳入境外进修。在教师的选派上，优先选派学校管理干部和骨干教师。另外，该指标对学前教育、义务教育、高中阶段教育按教师数加权综合计算。

由于这一指标是新设指标，没有往年参考值。如果只考虑高中阶段目标值要稍微高一点，如果同时将学前教育和义务教育阶段教师纳入，目标值应定的稍微低些。在本书中，我们同时将学前教育、义务教育和高中阶段教育的教师纳入，目标值均定为3%。

第三节 教育经费评价指标研究

一 教育经费指标的框架设计

（一）教育经费存在的问题

我国的教育经费存在总体投入不足，城乡分配不均，支出结构不合理等问题。虽然我国财政性教育经费支出占GDP的比例在2012年实现了4%的目标。但同世界发达国家相比，我国的教育财政投入仍然偏低，且分配不均。调查发现，2006年到2011年，该省部分县（市）将农村中小学建设资金集中分配到县城学校，有11个县的县城中小学生均建设资金投入5276元，而同期乡镇及以下农村中小学生均1308元，仅占县城生均投入的24.33%，造成城乡教育投入差距进一步增大。另有3个县的41所乡镇及以下农村小学（含教学点），自2006年至2011年没有添置或更新教学仪器。[①] 因此，应把有限的教育经费用到最需要的地方，新增教育经费主要向农村、边远、贫困和民族地区倾斜，向弱势群体倾斜，向教师队伍建设倾斜，主要用于保基本、补短板、促公平。

在三级教育经费支出结构上，目前教育财政投入过多用于高等教育，对基础教育的投入不足。据联合国教科文组织统计，我国初等、中等、高等三级学校生均日常教育经费与人均国民生产总值的比例为0.05∶0.15∶1.93，同期国家相比，相差悬殊。东西部地区以及城乡之间教育经费的投入失衡，导致办学条件失衡，继而导致教育观念、教师素质、科研能力等软资源的失衡。另外，地方财政热衷于重点学校、示范学校的建设，把有限的财力、物力都投入重点、示范学校中，而对普通学校，特别是一些弱校，经费投入严重不足。

（二）教育经费评价指标述评

广东指标体系中相关指标从体制机制建设、经费投入水平和经费使用三个维度对教育经费加以规定，大多属定性指标，不易测量，借鉴意义不大。

江苏指标体系中"教育经费"相关指标主要是相关指标增长比例和排名，属于相对指标，对衡量一个区县的教育经费投入意义不大。

[①] 魏海政．《城乡优质师资差距进一步拉大》，《中国教育报》2013年9月8日第1版。

上海指标体系中相关指标集中于教育投入，其中，"三个增长"从纵向上表征教育投入的年度增长，"财政性教育经费占政府财政支出比例"从横向上表征政府的教育努力程度。

成都指标体系中相关指标除了采用"三个增长"反映教育收入，还采用"生均预算内教育事业费"和"生均预算内公用经费"表征教育支出结构。

胡卫指标体系除了从国家层面关注教育经费的投入水平，关注政府的努力程度，同时关注公用经费和培训经费。

陈国良等学者指标体系中教育经费相关指标关注教育收入，其中"教育总经费占GDP比例"从国家层面教育经费的投入水平，不适用于县域，"国家财政性教育经费占教育总经费比例"体现教育经费的多渠道来源，"公共财政预算教育经费占公共财政支出比例"，表现政府的教育努力程度。

教育经费投入是教育现代化建设的基本保障之一，现有指标体系大都包括这一维度，但选取的指标具有较大差异。上海市只考察政府最主要的两项教育投入责任，即政府在既有社会财力状况下对教育的投入力度（财政性教育经费占GDP比例），政府对财政性教育投入的统筹与合理配置（市级财政统筹和转移支付述评）。江苏省的指标设置从宏观到微观分为三个层次：全社会教育投入、财政教育投入、各级教育生均预算经费，并且考察的是教育经费投入的动态增长情况和在全国的排名。江苏注重的是政府对教育投入的优先安排与重视情况。广东省考察得最为全面，包括教育投入的体制机制、优先安排情况和经费使用效益。

（三）教育经费评价指标框架的确定

现代化的教育经费投入保障主要集中于教育经费收入（总量

第五章 教育投入评价指标体系研究

充足)、教育经费支出(分配公平)和教育经费的使用(有效)三方面。

在经费总量上,要注意绝对指标和相对指标相结合。绝对指标是表现现象总体数量特征的基本指标,用以说明现象的总规模、总水平,具体数值表现为绝对数。相对指标是通过两个有联系的统计指标对比而得到的,具体数值表现为相对数,比如系数、倍数、百分比等。相对指标是通过抽象化的比值来表明事物之间对比关系的程度,不能反映事物在绝对量方面的差别,一旦离开形成对比关系的绝对指标,就不能深入地说明问题。而绝对指标无法反映在总体中的地位、作用或重要程度,这也是人们经常提到"既要看加法,也要看减法"的原因所在。因此,需要综合运用绝对指标和相对指标更好地反映事物的数量特征。

一般来说,教育经费常用的指标是"三个增长、两个比例",其中,"三个增长"是指各级政府教育财政拨款的增长应高于财政经常性收入的增长,并使按在校学生人数平均的教育费用逐步增长,保证教师工资和学生平均公用经费逐步增长;"两个比例"是指财政性教育经费支出占GDP的比例和政府财政支出中教育经费所占比例。"三个增长、两个比例"均属于相对指标,前者是纵向比较,后者是横向比较,而生均经费标准,比如"生均预算内教育事业费"和"生均预算内公用经费"则属于绝对指标。鉴于"财政性教育经费支出占GDP的比例"是从国家层面界定,不适用于县域层面,不予采纳。可将"三个增长实现情况""政府财政支出中教育经费所占比例""生均预算内教育事业费"和"生均预算内公用经费"纳入县域教育现代化指标评价体系。需要说明的是,之所以同时采用"三个增长"达成情况和"生均教

— 187 —

育经费"是为了分别从纵向和横向上保障教育经费总量的充足。

在经费支出上，普通指标和专项指标相结合。普通指标和专项指标是从是否指定经费用途上来说的，专项指标是表征"专款专用"的指标，而普通指标则不指定规定用途。从教育经费的支出结构来说，设置"生均预算内教育事业费"和"生均预算内公用经费"指标不仅有利于保障教师工资和学校正常运行，同时有利于优化教育经费支出结构，使更多经费应用于软件建设（师资培训），防止过多经费用于硬件建设。另外，为了保证教师培训和职业教育经费的充足性，建议采用"教师培训经费占公共经费的比例"和"城市附加费用于职业教育的比例"对教师培训经费和职业教育经费的比例加以限定。

另外，衡量教育经费使用效益的指标亟待开发。美国学者本森指出，"充足、公平、有效"是教育财政制度的评价标准。从现有研究来看，以"充足""公平"为主题的教育经费研究依次成为热点，[①] 在国家教育经费拨款逐年增加和4%实现之后，教育经费的充足性已不是教育财政的首要问题，教育经费支出的公平、有效成为亟待解决的问题，相关指标的开发显得格外重要，目前公平类指标已相当成熟，衡量教育经费使用效益的指标亟待开发。

二 教育经费充足指标研究

（一）教育投入总体不足

近年来，我国义务教育财政体制进行了改革，形成了以政府投入为主的义务教育经费保障机制，义务教育经费投入水平增长

---

① ［美］卡诺依：《教育经济学国际百科全书》（第2版），闵维方等译，高等教育出版社2002年版，第526页。

第五章 教育投入评价指标体系研究

迅速，2007年小学和初中教育经费投入水平增速均达到最高，此后逐年下降，但仍远高于全国GDP的增速。2012年，国家财政性教育经费支出达到2.2万亿元，占GDP比例达到4.28%，首次突破4%，实现了2010年《教育规划纲要》提出的4%的目标，是我国教育发展史上的一个重要里程碑。实际上，早在1993年，党中央、国务院发布《中国教育改革和规划纲要》，第一次提出到2000年国家财政性教育经费支出占GDP的比例要实现4%。因为国家财政性教育经费支出占国内生产总值4%的指标是世界衡量教育水平的基础线，目前世界平均水平约为7%，其中发达国家财政性教育经费占GDP达到9%左右，经济欠发达的国家也达到4.1%，据2005年数据显示，丹麦的教育支出占GDP的比重就已达到6.8%，法国为5.6%，波兰5.4%，新西兰为5.2%。[①] 但由于我国是"穷国办成大教育"，教育支出占GDP的比例一直很低，2000年并没有实现4%。2006年，党的十六届六中全会决定，第一次提出要逐步达到4%。2010年党中央、国务院颁布《教育规划纲要》，更是明确提出2012年实现4%的目标，限期完成。直到2012年实现4%的目标，表明我国对教育经费投入前所未有的重视。需要注意的是，虽然在总体上实现了4%的目标，但是我国城乡教育经费投入差距较大，农村地区教育经费不足的现状没有彻底缓解。

要解决好这一问题，需要各级政府严格落实教育经费法定增长要求，依法加大财政投入力度，巩固国家财政性教育经费支出占GDP比例达4%的成果。具体来说：第一，守住4%这一底线。

---

① 马国贤、马志远：《教育支出占GDP的比重：国际比较与政策建议》，《教育发展研究》2009年第2期。

国家财政性教育经费占 GDP 的比例，是反映政府教育投入的关键指标，这一比例"应当随着国家经济的发展和财政收入的增长逐步提高"，各级财政教育支出占比"应当随着国民经济的发展逐步提高"。国家财政性教育经费支出占 GDP 比例达 4% 后，4% 就应该是今后依法加大财政教育投入的底线，这个底线要守住。第二，依法落实法定增长。《教育法》对"三个增长"有明确的规定，即"保证教育财政拨款的增长高于财政经常性收入的增长""使按在校学生人数平均的教育费用逐步增长""保证教师工资和学生人均公用经费逐步增长"。中央和地方各级政府都要依法落实，要从年初预算入手，预算安排和预算执行中的超收收入分配都要体现法定增长的要求。第三，设定教育财政拨款基本标准。目前义务教育、普通本科及以上教育以及建立了生均财政拨款制度，今后应推动各地制定学前教育、特殊教育、普通高中教育、中等职业教育、高等职业教育生均财政拨款基本标准，并建立与财力状况、办学需求和物价水平联动的稳定增长机制。第四，加强教育投入监督检查。一方面，研究建立教育经费执行情况统计月报制度，充分发挥教育经费统计监测公告的作用，督促各省建立到地（市、县）的教育经费统计监测公告制度。另一方面，进一步完善财政教育投入定期督导制度。每年对各地财政教育投入情况进行一次专项督导，督导结果向社会公开。[①]

（二）教育经费充足性指标的测量和参照系

1."三个增长"达成情况

"三个增长"达成情况是指县级政府对教育的财政保障是否

---

① 宋乃庆、李森、朱德全：《中国义务教育发展报告 2013》，西南师范大学出版社 2014 年版，第 11 页。

第五章　教育投入评价指标体系研究

达到法定的要求，主要反映教育条件与保障，体现公共教育投入强度和保障水平。其中，"三个增长"是指《义务教育法》规定的"教育投入增长比例应当高于财政经常性收入的增长，在校学生生均义务教育费用逐步增长，教职工工资和学生人均公用经费逐步增长"。在测算过程中，具体指标按财务司等有关部门确定的口径进行统计、测算，同时对各级教育学生数加权进行综合计算。

《教育规划纲要》要求"保证教育财政拨款增长明显高于财政经常性收入增长，并使按在校学生人数平均的教育费用逐步增长，保证教师工资和学生人均公用经费逐步增长"。"健全以政府投入为主、多渠道筹集教育经费的体制"，"明确各级政府提供公共教育服务职责"，"保障学校小学经费的稳定来源和增长"，"制定并逐步提高各级学校学生人均财政拨款基本标准"。本书将"三个增长"达成情况2020年的目标值定为"达到"。

2. 财政教育支出占公共财政支出比例

财政教育支出占公共财政支出的比例是指政府公共财政支出中教育所占比例，主要反映教育条件与保障，体现政府教育投入的保障能力和重视程度。在计算时，公共财政预算教育经费占公共财政支出的比例采用本年度公共财政预算教育经费与本年度公共财政总支出之比表示。其中，公共财政预算教育经费包括教育费附加。

《教育规划纲要》提出"各级政府要优化财政支出结构……把教育作为财政支出重点领域予以优先保障"，《国务院关于进一步加大财政教育投入的意见》（国发〔2011〕22号）要求"提高财政教育支出占公共财政支出的比重。各级人民政府要进一步优化财政支出结构，压缩一般性支出，新增财力要着力向教育倾斜，

— 191 —

优先保障教育支出"。2013年,全国公共财政教育支出占公共财政支出的比例为15.27%,比2012年的16.13%降低了0.86个百分点。① 结合2012年国家财政性教育经费支出占国内生产总值比例达到4%的现状,参照高收入国家平均水平,综合考虑全国经济社会和教育发展趋势,将2020年的目标值定为18%。

3. 生均预算内教育经费

生均预算内教育经费包括生均预算内教育事业费和生均预算内公用经费,主要反映政府对学习基本运行的经费保障情况。在计算时,预算内教育事业费采用预算内教育经费与相应学段在校生数之比表示,预算内公用经费采用预算内公用经费与相应学段在校生之比数表示。具体测算时,小学和初中分学段、分项目按学生数加权计算。

2013年全国各级学校生均公共财政预算教育事业费支出情况是:全国普通小学为6901.77元,比2012年的6128.99元增长12.61%,按此增长率计算,2020年的目标值为15848元;全国普通初中为9258.37元,比2012年的8137.00元增长13.78%,按此增长率计算,2020年的目标值为22855元;全国普通高中为8448.14元,比2012年的7775.94元增长8.64%,按此增长率计算,2020年的目标值为15090元;全国中等职业学校为8784.64元,比2012年的7563.95元增长16.14%,按此增长率计算2020年的目标值为25037元。

《中央财政下拨2014年农村义务教育经费保障机制资金878.97亿元》中提出:"提高农村义务教育阶段学校普通学生年生均公

---

① 教育部:《关于2013年全国教育经费执行情况统计公告》,http://www.moe.edu.cn/publicfiles/business/htmlfiles/moe/s3040/201411/178035.html,2014-10-31。

第五章 教育投入评价指标体系研究

用经费基准定额 40 元,即:年生均中西部小学达到 600 元、初中达到 800 元;东部小学达到 650 元、初中达到 850 元,以满足学校信息技术和教师培训等方面的开支需求。"根据袁贵仁在 2015 年全国教育工作会议上的讲话,2014 年农村义务教育阶段中小学生均公用经费标准定额中西部地区小学达到 600 元、初中 800 元,东部地区小学 650 元、初中 850 元。该项指标 2020 年的目标值定为中西部小学 900 元、初中 1100 元,东部小学 950 元、初中 1150 元。

三 教育经费支出结构指标研究

(一)教师工资福利待遇较低

2009 年 1 月 1 日起,在全国义务教育学校率先实施绩效工资制度。自此以后,绩效工资的实施已经成为广大教师和全社会普遍关注的热点话题。义务教育学校实施绩效工资充分体现各级政府对义务教育教师的重视和关心,提高义务教育教师特别是广大农村义务教育教师的工资收入,得到广大义务教育教师的普遍拥护和欢迎。但是,实践中也出现一些问题,比如实施绩效工资后地区之间教师工资收入之间的差距拉大;有的地方实施绩效工资后教师工资增幅不大甚至有所减少。更有甚者,在某些地区、某些学校出现了新的"大锅饭"现象。面对这些争议甚至是抱怨的"声音",有必要对绩效工资政策及其实施及时加以反思,以期促进义务教育绩效工资平稳顺利实施。

一方面,教师队伍工资福利待遇整体较低。近十年来,我国义务教育教师队伍发生了较大变化,特别是数量扩大了,文化与学历水平提高了,教师队伍素质也有了较大的提升。但教师的待遇、社会保障仍然较低，因而职业地位、职业的社会吸引力仍然较低。从待遇来说，一项对"教师最在意的因素"进行的调查显示，农村教师最在意的是"工资水平"，个案百分比平均达到了74.2%，远高出排在第二位的"承认与尊重"50.8个百分点，可见，提高农村教师工资对整体农村教师职业吸引力的贡献度。农村教师在意的处于第二层次的有三个因素：承认与尊重、职业晋升机会和子女教育，个案百分比分别是23.4%、22.1%和19.7%。除此之外，农村教师所在意的因素还包括工作生活的微环境。①据一名在湖北省荆州市农村任教40年目前在武汉一所中学代课的教师反映，在荆州的月工资2600余元，每年有住房公积金4000余元、绩效工资近9000元、门诊医疗费仅500元。而武汉同级别的老师的月工资4000多元，每年住房补贴1.56万元，每年绩效工资1.8万元，每年门诊医疗费4800余元。还有学校各项工作合格每人可加工资3000—5000元，每年年终可拿到14个月工资。②"教师地位待遇不断提高，农村教师职业吸引力明显增强"是《国务院关于加强教师队伍建设的意见》提出的到2020年要实现的教师队伍建设总体目标之一。城乡教师工资差距较大，农村的工作生活条件是较为艰苦的，但农村教师岗位的重要性还未在工资上体现出来。

另一方面，教师工资福利城乡差距较大。长期以来，由于我国城乡经济社会发展不平衡，边远贫困地区的教师工作任务繁重，条件艰苦，交通、通信等生活成本较高，生活压力较大，难以稳定和吸引优秀人才在这些地区任教。义务教育，重点在农

---

① 魏哲哲：《留住农村教师，靠什么？》，《人民日报》2014年10月9日第18版。
② 柳青河：《农村学校为啥缺乏吸引力》，《人民日报》2014年10月9日第18版。

第五章 教育投入评价指标体系研究

村,关键在教师。农村教师队伍质量的高低,直接关涉农村教育的成败。当前我国农村教师收入比农民略好,收入水平低;收入涨幅没有城市大,与城市教师收入差距仍然较大。另外,与城市相比,农村环境艰苦,很多老师需要"走读",交通、通信成本较高,农村教师生活仍然很清苦。当前,我国农村教师职业吸引力不足,优秀教师"下不去、留不住",衍生出教师结构老龄化,国家规定课程开不齐、开不扎实等问题,其症结在于农村教师待遇水平仍较低。经济基础决定上层建筑,教师待遇是关系教师队伍建设最基本最重要的大问题,不能仅靠觉悟和奉献来维系农村教育。[①] 关心农村教师的收入才是解决农村教育滞后的关键。

针对教师的福利待遇,国家采取了一系列政策。《教师法》《教育规划纲要》和《国务院关于加强教师队伍建设的意见》(以下简称《意见》)都有对长期在农村基层和艰苦边远地区工作的教师,实行工资倾斜政策、完善津补贴标准的要求。《意见》指出推进教师养老保障制度改革,按规定为农村教师缴纳住房公积金及社会保险费。中央安排基建投资,支持建设农村艰苦边远地区学校教师周转宿舍。鼓励地方政府将符合条件的农村教师住房纳入当地住房保障范围统筹予以解决。2013年,中央1号文件明确提出:"设立专项资金,对在连片特困地区乡、村学校和教学点工作的教师给予生活补助。"2013年9月,教育部、财政部发布《关于落实2013年中央1号文件要求对在连片特困地区工作的乡村教师给予生活补助的通知》。

在一系列政策下,教师待遇随着社会的发展进步得到不断提

[①] 魏哲哲:《农村教师没尊严,哪来教育公平》,《人民日报》2014年11月6日第17版。

升,这无疑是鼓舞人心的,但农村教师现有的政策还需要地方政府加强落实,倾斜度也需要进一步加强。工资水平的高低已经成为衡量农村教师职业吸引力状况的重要指标。安居才能乐业,让农村教师没有后顾之忧,农村教师的职业才有吸引力,才有基础支撑,唯此,教师合理有序的双向流动才能实现,优秀的教师资源才愿意去农村,才能留得住、干得好。让农村孩子接受更好的义务教育,平等地享有受教育的实体权利,实现教育公平,是我们致力实现的目标,提高农村教师的福利待遇是重要抓手。坚守农村,不仅需要个人情怀,还需要政策导向,来提高农村教师的幸福指数,让他们感到公道、有尊严。正向的思路应当是越是薄弱的地区,教师的工资越要相对高一些,要有政策的倾斜导向,以此扭转教育两极分化的趋势。①

此外,从教育经费的支出结构上,应优先保障与解决农村教师的培训机会与经费。将农村教师培训所需经费制度化明确纳入各级政府财政预算保障,建立农村教师培训经费投入稳定的长效保障机制。

(二)教育经费支出结构指标的测量和参照系

1. 教师培训经费指标的测量和参照系

教师培训经费所占比例的测量有两个指标:一是采用教师培训经费占公用经费的比例;二是采用教师培训经费占教职工工资总额的比例,主要反映教师培训经费保障情况。

《教育规划纲要》提出的"将中小学教师培训经费列入各级政府预算"的规定;财政部、教育部《农村中小学公用经费支出

---

① 魏哲哲:《农村教师没尊严,哪来教育公平》,《人民日报》2014年11月6日第17版。

管理暂行办法》（财教〔2006〕5号）"按照学校年度公用经费预算总额的5%安排教师培训经费"。《国务院关于加强教师队伍建设的意见》（国发〔2012〕41号）规定"教师培训经费要列入财政预算。幼儿园、中小学和中等职业学校按照年度公用经费预算总额的5%安排教师培训经费"。本书将"教师培训经费占公用经费比例"2020年的目标值定为5%。

《中小学教师继续教育规定》（教育部令第7号）规定"地方教育费附加应有一定比例用于义务教育阶段的教师培训。省、自治区、直辖市人民政府教育行政部门要制定中小学教师继续教育人均基本费用标准"。《福建省中小学教师继续教育规定》（闽教〔2011〕师70号）提出"中小学教师继续教育经费按教职工年工资总额的1.5%予以保证，有条件的地方培训经费标准应提高到2.5%"。本书将"教师培训经费占教职工工资总额比例"定为2.5%。

2. 职业教育经费指标的测量和参照系

就职业教育经费而言，教育费附加用于职业教育的比例是指城市附加费用于职业教育的数与城市附件费的比例，主要反映职业教育的经费保障情况。《国务院关于加快发展现代职业教育的决定》（国发〔2014〕19号）提出"地方教育费附加用于职业教育的比例不低于30%"。本书将"城市教育费附加于职业教育的比例"2020年的目标值定为30%。

第四节 办学条件评价指标研究

办学条件是教育现代化的物质保障，办学条件现代化是教育现代化的重要组成部分。

一 办学条件评价指标框架的设计

（一）办学条件评价指标述评

胡卫等学者指标体系中办学条件相关指标主要集中于教育信息化，具体指标包括中小学生机比和中小学建网率。广东指标体系中办学条件相关指标覆盖办学条件和教育信息化，但指标较为笼统，可操作性差。

陈国良等学者指标体系中办学条件相关指标集中于硬件建设和教育信息化两个方面。其中硬件建设相关指标有基本办学条件达标学校比例、义务教育发展基本均衡县比例和省域内义务教育县际差异程度。其中，既有反映学校层面的达标指标，又有衡量县内校际办学差异的指标。教育信息化指标有设备配备和设备应用两个方面。

江苏指标体系中办学条件相关指标同样关注硬件建设和教育信息化。其中，硬件建设包括达到省定优秀标准的各级各类学校比例、义务教育城乡、学校间条件均衡化比例。显然，江苏指标体系中将达标类指标提高到优秀比例，同时在差异类指标中增加对城乡差异衡量。教育信息化主要通过国家信息化达标率体现。

上海指标体系涵盖办学条件和教育信息化，其中办学条件采用校舍建筑面积一项指标的达标学校比例，而教育信息化的设计更好，不仅涵盖硬件设备和校园网建设，同时还包括信息技术的应用水平。

成都指标体系覆盖办学条件和教育信息化，办学条件选择体育运动场（馆）面积、生均校舍建筑面积和生均教学仪器设备值

第五章　教育投入评价指标体系研究

三项常用绝对指标和义务教育校际均衡指数这一相对指标；教育信息化覆盖到硬件设施、校园网建设和信息技术应用能力。可以发现，成都指标体系中办学条件类指标较为全面。

通过对上述指标体系的梳理发现，绝大多数指标体系覆盖办学条件和教育信息化两部分。

第一，办学条件方面。办学条件主要有两类指标：一是反映单个学校的绝对达标水平的指标，二是反映区县内校际办学条件差异的指标。既有单个学校的办学条件达标程度的指标，又有反映区县内校际间办学条件差异的指标；就单个学校办学条件状况而言，陈国良等学者指标体系集中反映学校基本办学条件，而江苏指标体系则通过优秀达标比例加以体现。由于各地差异较大，校际办学条件差异类指标不宜纳入县域教育现代化指标体系，只保留"基本办学条件达标学校比例"。

第二，教育信息化方面。在教育信息化方面，上海不仅强调了硬件建设，设计了"校园网连通率"，还强调信息技术在教育教学中的实际应用水平。江苏省是针对国家标准来考察信息化建设水平。广东省重在考察人机比、信息技术的课堂覆盖率和中小学教师教育技术能力。可见，教育信息化主要有三类指标：生机比、联网率和信息技术能力。生机比和联网率主要反映教育信息化的硬件建设情况，而信息技术能力主要反映教育信息化的软件建设。硬件建设主要通过计算机的配备和校园网连通率来衡量，软件建设采用教师信息技术能力考试达标率反映教师的信息技术水平。县域教育现代化指标体系可以考虑通过"三通两平台"反映教育信息化建设水平。具体来说，"三通两平台"是指宽带网络校校通、优质资源班班通、网络学习空间人人通，建设教育资源公共服务平台和教育管理公共服务平台。

（二）办学条件评价指标框架的确定

技术是理性的产物，是科学的应用。工欲善其事，必先利其器。现代教育技术就是促进教育发展的利器。不积极、充分利用现代教育技术是不科学、不明智的。教育的技术化是指技术手段与教育的结合、在教育中的应用。

现代教育技术是把教育思想、教育理论和科学知识应用于教育实践的现代教育手段和方法的体系。它所要解决的问题，是如何在先进教育思想、理论的指导下，运用现代教育技术手段和方法，开发教育资源，优化教育过程，提高教育质量和效益。①

信息技术作为对人类发展最具影响力的高新技术，正在改变着人类的思维方式、生活方式、学习方式和工作方式。教育信息化是人类实现现代教育理念的重要途径。信息技术与教育的结合，就是教育信息化。教育信息化是现阶段"教育技术化"的最新形态。教育信息化实现了教学信息组织的非线性化。传统的教育信息其组织结构都是线性的、有顺序的，而人类的思维、记忆却是网状结构，通过联想可自由选择不同的路径。所以，传统教育制约了人的智慧与潜能的调动，限制了自由联想能力的发挥，不利于创造能力的培养。多媒体技术能综合处理各种媒体信息，且具有交互特性，为教学信息组织的非线性化创造了条件。

教育信息化实现了教学过程智能化。多媒体计算机系统具有智能模拟教学过程的功能，学生可以通过人机对话，自主进行学习、复习、模拟实验、自我测试，计算机能根据学生不同的情况

---

① 南国农：《教育现代化的必由之路》，高等教育出版社2000年版，第165页。

第五章　教育投入评价指标体系研究

给予帮助、指导、判定、打分，无须教师直接处理，实现教学过程智能化。随着教育信息化程度的提高、现代教学环境系统工程的建立，现代教材体系也逐步成套化、系列化、多媒体化，使人们能根据不同的条件、不同的目的、不同的阶段，有效地选用相应的学习资源，为教育社会化、终身化提供保障。

教育信息化突破了传统的教学时空、教学模式、教学信息和教学组织形式，为教育教学的现代化提供了先进的技术手段。各国普遍实施教育信息化战略。我国教育部2012年颁布《教育信息化十年发展规划（2011—2020年）》，提出教育信息化的战略目标是：到2020年，形成与国家教育现代化发展目标相适应的教育信息化体系，基本建成人人可享有优质教育资源的信息化学习环境，基本形成学习型社会的信息化支撑服务体系，基本实现所有地区和各级各类学校宽带网络的全面覆盖，教育管理信息化水平显著提高，信息技术与教育融合发展的水平显著提升。教育信息化整体上接近国际先进水平，对教育改革和发展的支撑与引领作用充分显现。

办学条件即人、财、物中的"物"，是学校教育的要素，作为表征教育投入水平的重要维度。办学条件包括校舍面积及其质量、教学仪器设备、图书等。其中，校舍建筑面积及其质量是办学的最基本保证，直接反映办学条件状况，也是当今义务教育发展中反映比较突出的一个问题。而生均图书、计算机、实验仪器拥有量的差异，则反映出当前全国各地在现代社会条件下保障教学质量方面的物质条件差距。

根据国家中小学校督导评估指标、义务教育均衡发展评估指标和教育事业统计报表，将办学条件指标分为三大方面，即校舍与运动场地、仪器设备与图书、信息化情况。其中，校舍与运动场地选择了生均占地面积、生均校舍建筑面积、生均教学及辅助用房面积、生均体育场（馆）面积四大指标；仪器设备与图书选取了生均仪器设备值和生均图书两项主要指标。我们将以上六项指标称为"基本办学条件"，同时将"基本办学条件达标比例"纳入县域教育现代化评价指标体系。教育信息化重点选择了"三通两平台"中的"三通工程"，即宽带网络校校通、优质资源班班通和网络学习空间人人通。之所以未将两平台纳入是因为两平台是"两级建设，五级使用"，两平台的建设主要是国家和省级政府的责任，县级政府主要负责有效使用。

二 基本办学条件评价指标研究

（一）中西部地区办学条件亟待改善

近年来，国家通过实施农村寄宿制学校建设工程、农村中小学现代远程教育工程、农村中小学危房改造工程、中小学校舍安全工程、农村义务教育薄弱学校改造计划等一系列重大工程项目不断改善和提高了农村学校办学条件。从全国来看，农村学校办学条件比城市学校改善和提高幅度更为明显。东部地区省份办学条件依然最好，中部地区办学条件与西部相当，部分指标如生均仪器设备值甚至要低于西部地区。

（二）基本办学条件评价指标的测量和参照系

基本办学条件达标学校比例是指基本办学条件达到国家规定标准的学校数占学校总数的比例，主要反映教育硬件条件和保障水平。在计算时，基本办学条件达标学校比例采用基本办学条件达到国家规定标准的学校数与抽样学校总数之比表示。六项指标全部达到国家规定的标准计为一所达标学校。

《教育规划纲要》提出"完善城乡义务教育经费保障机制,科学规划、统筹安排、均衡配置、合理布局。实施中小学校舍安全工程,集中开展危房改造、抗震加固,实现城乡中小学校舍安全达标;改造小学和初中薄弱学校,尽快使义务教育学校师资、教学仪器设备、图书、体育场地基本达标;改扩建劳务输出大省和特殊困难地区农村学校寄宿设施,改善农村学生特别是留守儿童寄宿条件,基本满足需要"。本书将基本办学条件达标学校比例2020年的目标值定为100%。

三 教育信息化评价指标研究

(一)教育信息化存在的问题

2012年,国家加快教育信息化进程,着力促进教育现代化发展。教育部出台一系列文件,要求建立与国家教育现代化发展目标相适应的教育信息化体系,基本实现所有地区和各级各类学校宽带网络的全面覆盖,同时,促进信息技术在中小学教学中的应用,有力地推进了教育的现代化发展。

为推进落实《教育规划纲要》关于教育信息化的总体部署,2012年3月13日,教育部编制印发了《教育信息化十年发展规划(2011—2020年)》,其中提出到2020年形成与国家教育现代化发展目标相适应的教育信息化体系,基本实现所有地区和各级各类学校宽带网络的全面覆盖。即全面完成《教育规划纲要》所提出的教育信息化目标任务,形成与国家教育现代化发展目标相适应的教育信息化体系,基本建成人人可享有优质教育资源的信息化学习环境,基本形成学习型社会的信息化支撑服务体系,基本实现所有地区和各级各类学校宽带网络的全面覆盖,教育管理信息水平显著提高,信息技术与教育融合发展水平显著提升,使教育信息化整体上接近国际先进水平,对教育改革和发展的支撑与引领作用充分显现。[①]《教育信息化十年发展规划(2011—2020年)》的制定与实施,对于建设覆盖城乡各级各类学校的教育信息化体系,促进优质教育资源普及共享,推进信息技术与教育教学深度融合,实现教育思想、理念、方法和手段全方位创新,对于提高教育质量、促进教育公平、构建学习型社会和人力资源强国具有重大意义。

经过几十年国家对教育信息化的大量投入,我国基础教育的信息基础设施建设水平和教育信息化程度都有了很大的提高。但是,目前教育信息化也明显地存在着"高投入、低产出"的问题,应用效益低下,浪费现象严重。主要表现在:学校中高性能计算机只被用于简单的事务性办公,甚至是娱乐;信息设备采购投入远大于实际应用需求;性能高且价值昂贵的服务器资源的访问量小;信息化设施和设备维护和管理机制不完善;学校各自为政、信息管理系统缺乏统一标准;信息安全和病毒防范方案和措施有待加强;计算机教室的使用率不高,大量闲置等。另外,相比快速推进的教育信息化工作而言,学校的管理者、教育工作者的信息素养和应用能力还不够,信息化专业队伍不稳定。在推动学校管理、教学和科研等整体性信息化变革时,学校管理层教育信息化认识不足或信息化领导力弱,使学校教育信息化的应用模式和教育服务单一;教师信息化应用驱动力较弱,信息技术应用

---

① 教育部:《教育信息化十年发展规划(2011—2020年)》,http://www.moe.edu.cn/publicfiles/business/htmlfiles/moe/s3342/201203/xxgk_ 133322.html, 2012 - 3 - 13。

第五章　教育投入评价指标体系研究

能力和信息素养还很低；学校的信息化专业人员工作量大而繁杂，待遇较低，普遍存在职称晋升困难等问题。①

（二）教育信息化评价指标的测量和参照系

"三通工程"是指宽带网络校校通、优质资源班班通和网络学习空间人人通，主要反映教育信息化实现程度，教育条件与保障水平。在计算时，宽带网络校校通用接入校园网的学校数与学校总数之比表示；优质资源班班通用建有符合网络多媒体的教室数与教室总数之比表示；网络学习空间人人通采用拥有个人账号的师生与师生总数之比表示。在汇总分析时，分别给予三方面一定权重综合进行计算。

《教育规划纲要》提出："加快教育信息基础设施建设……到2020年，基本建成覆盖城乡各级各类学校的教育信息化体系，促进教育内容、教学手段和方法现代化。充分利用优质资源和先进技术，创新运行机制和管理模式，整合现有资源，构建先进、高效、实用的数字化教育基础设施。加快终端设施普及，推进数字化校园建设，实现多种方式接入互联网。重点加强农村学校信息基础建设，缩小城乡数字化差距。"

《教育信息化十年发展规划（2011—2020年）》明确提出"基本实现宽带网络的全面覆盖。充分依托公共通信资源，地面网络与卫星网络有机结合，超前部署覆盖城乡各级各类学校和教育机构的教育信息网络，实现校校通宽带，人人可接入。""利用网络技术，实现丰富的教学资源和智力资源的共享与传播，使每所学校实现教育教学、教育管理和服务信息化，促进教育公平，

---

① 关松林：《教育信息化校长读本》，高等教育出版社2014年版，第34页。

提高教育质量和效益。"

《构建利用信息化手段扩大优质教育资源覆盖面有效机制的实施方案》（教技〔2014〕6号）明确提出"到2020年，全面完成教育规划纲要和教育信息化十年发展规划提出的教育信息化目标任务，形成与国家教育现代化发展目标相适应的教育信息化体系；基本实现所有地区和各级各类学校宽带网络的全面覆盖，具备条件的教学点实现宽带网络接入……各级各类学校基本具备网络条件下的多媒体教学环境，基本建成人人可享有优质教育资源的信息化学习环境。""重点推进义务教育阶段学校'宽带网络校校通'……全面推进'优质资源班班通'……大力推进'网络学习空间人人通'。建立基于云服务模式实名制、组织化、可控可管的网络学习空间，开展教师研修模式、教与学方式的变革探索，促进校内外教育的有机结合，实现师生、生生、家校的多元互动。"

就校校通而言，义务教育阶段2020年的目标值为90%，高中阶段的目标值为100%。就班班通来说，义务教育阶段和高中阶段2020年的目标值均为100%。就人人通来说，义务教育阶段和高中阶段2020年的目标值均为100%。

第六章 县域教育现代化评价指标体系的确立

在上述各章实践分析、理论分析和政策分析的基础上，本章系统建构县域教育现代化评价指标体系。鉴于教育背景没有单独作为一个维度，本章在对县域教育现代化评价指标体系初步设计后，系统阐述教育背景与教育现代化指标体系的关系加以说明。然后运用两轮德尔菲法初步确定县域教育现代化评价指标体系，并利用变异系数法确定各级指标的权重，在此基础上通过对专家的访谈对指标和权重进行微调，最终确定县域教育现代化评价指标体系。

第一节 县域教育现代化评价指标体系的初步设计

一 县域教育现代化评价指标体系的初步设计

教育结果主要是指教育发展的成就，现代教育的结果的特征是"公平有质量"，所谓有质量的教育是指学生全面而个性的发展，主要体现在学生综合素质水平的提高，而公平的教育是各级各类教育情况和特殊群体的教育机会均等情况，就各级各类教育机会来说，主要是各级各类教育入学率，本书将其称为教育发展水平，从特殊教育群体来说，我们将其称为教育机会。由此，教育结果指标主要包括学生综合素质水平、教育发展水平和教育机会。其中，学生综合素质水平主要反映学生全面而有个性发展的程度。德、智、体的发展情况，具体包括学生品德心理素养、学生学业成就水平、学生体育艺术技能。教育发展主要是指各级各类教育满足人民群众各种受教育需要的程度，具体包括学前教育毛入园率、九年义务教育巩固率、高中阶段教育毛入学率、中职教育对口率、新增劳动力平均受教育年限、终身学习网络覆盖率、城市和农村居民社会教育活动年参与率。教育机会主要是指三类特殊群体接受义务教育的机会，具体包括随迁子女就读比例、残疾青少年义务教育入学率和家庭经济困难学生资助比例。

教育过程是教育活动的实践，具体包括布局结构、教育行政、学校管理和课程教学情况，主要考察教育发展的民主性、法治性和多样性。其中，课程与教学主要由课程和教学两个维度组成。具体来说，课程维度包括课程开齐开足水平、普通高中选修课比例和国际优质课程资源，分别反映课程的足够性、多样性和优质性。教学维度主要是指教学方式改进情况，包括教师教学方式和学生学习方式的改进。教育管理主要反映区县政府教育决策与管理的科学民主程度，可以从布局结构、教育行政和学校管理三个维度加以考察。布局结构主要反映教育与经济社会发展的适应程度，也从宏观层面反映教育事业规划的科学、合理程度。教育的布局与结构是教育现代化的重要起点与背景，合理的教育布局与结构是实现教育现代化的前提与保障。教育布局合理主要是指义务教育阶段的中小学分布

第六章　县域教育现代化评价指标体系的确立

应能满足一定居住区域内适龄青少年就近入学的需求；结构合理是指高中阶段普通教育与职业教育的协调发展。当前的重点在于建立服务型政府与现代学校制度，逐步建立管、办、评分离的制度。该指标具体包括教育政策、措施的决策社会参与度，学校依法治校、民主管理的水平。本书中，布局结构具体包括中小学布局合理程度、高中阶段普职教育协调发展和班额达标率。教育行政包括教育决策的社会参与度、依法行政和简政放权。学校管理包括学校依法治校水平、学校民主管理水平。

教育投入主要反映教育发展的保障情况，从人力、物力、财力三个方面来说具体包括师资队伍建设、教育经费和办学条件。其中，师资队伍主要是教师队伍的建设情况，主要从数量、质量、专业发展三个维度设计，数量维度上主要通过"生师比"和"班师比"来保障教师充足；质量维度上通过"专任教师学历水平"来考核教师的学历达标情况和专门反映中职教师质量的"中职教育'双师型'教师比例"；专业发展维度上主要通过教师培训情况，主要包括反映境内培训的"接受培训教师比例"和反映境外培训情况的"到境外进修学习的教师比例"。教育经费主要反映政府对公共教育事业发展所需资金的保证情况，以衡量政府对发展教育事业的努力程度、支持力度和分配结构，具体来说包括考察教育经费收入角度的财政性教育经费占教育总经费比例、从教育经费支出角度的公共教育支出占公共财政支出的比例、从学校基本运行保障的生均预算内教育经费和从教育经费分配角度的专项教育经费比例。办学条件主要反映义务教育阶段学校硬件建设的达标程度，主要包括办学条件和教育信息化建设情况。办学条件主要由基本办学条件达标学校比例反映。教育信息化反映教育系统对信息化社会的适应情况以及信息技术和网络资源在教育中的应用情况。教育信息化既表现为电脑和网络等信息基础社会和信息共享平台的建设情况，更表现为教师和学生对教育信息资源的开发和使用情况，具体指标是"三通工程"，主要包括：校校通、班班通和人人通。县城教育现代化评价指标体系的初步设计如表6-1所示。

表6-1　　县域教育现代化评价指标体系的初步设计

一级指标	二级指标	编号	三级指标	现代性
教育结果	学生综合素质水平	1	学生品德心理素养	人道性（优质性）
		2	学生学业成就水平	
		3	学生体育艺术技能	
	教育发展水平	4	学前教育毛入园率	人道性（公平性）
		5	九年义务教育巩固率	
		6	高中阶段教育毛入学率	
		7	中职教育对口就业率或双证持有率	
		8	新增劳动力平均受教育年限	
		9	终身学习网络覆盖率	
		10	城市和农村居民社会教育活动年参与率	
	教育机会	11	随迁子女就读比例	人道性（公平性）
		12	残疾青少年义务教育入学率	
		13	家庭经济困难学生资助比例	
教育过程	课程与教学	14	课程开齐开足水平	多样性
		15	普通高中选修课比例	
		16	国际优质课程资源	人道性（优质性）
		17	教学方式改进	
	教育管理	18	中小学布局合理程度	理性
		19	高中阶段普职教育协调发展	理性
		20	班额达标率	人道性（优质性）

第六章 县域教育现代化评价指标体系的确立

续表

一级指标	二级指标	编号	三级指标	现代性
教育过程	教育管理	21	教育决策的社会参与度	民主性
		22	依法行政与简政放权	法治性
		23	学校依法治校水平	法治性
		24	学校民主管理水平	民主性
教育投入	师资队伍	25	生师比	专业性
		26	专任教师学历水平	
		27	中职教育"双师型"教师比例	
		28	接受培训教师比例	
		29	到境外进修学习的教师比例	
	教育经费	30	"三个增长"达成情况	生产性
		31	公共财政预算教育经费占公共财政支出比例	
		32	生均预算内教育事业费	
		33	生均预算内公用经费	
		34	教师培训经费占教职工工资的比例	
		35	教育费附加用于职业教育的比例	
	办学条件	36	基本办学条件达标学校比例	理性
		37	教育信息化	

二 教育背景在县域教育现代化评价指标体系的体现

教育系统是一个和国家经济、社会发展密切相关的开放系统，学习型社会、信息社会、终身教育、教育国际化等新理念的出现和教育变革，又要使指标折射出一段时间内国际和国家社会的发展趋势，使教育指标体系具有更强的应用价值。为此，构建完善的教育发展指标体系必须考虑到国家特定的人口、社会与经济背景。缺乏教育外部条件的考察，局限于教育单个领域的孤立描述是片面的。从国际上来看，OECD的教育发展指标充分体现了对教育发展宏观背景的关注，如学龄人口的相对数量、教育支出占GDP的百分比、低教育程度的青年人的现状、教师的供给与需求等，许多指标都反映了社会总体状况的对比及变化。这些背景状况的分析，可以使我们更好地把握一国教育发展的实际水平。同样，欧盟学校教育指标不是以"年鉴"而是以"报告"方式呈现的，如2000年的报告《欧盟学校教育指标报告——16项质量指标》就非常注重说明指标与各国政治、经济、社会背景的联系。各国文化背景、教育制度的不同，势必造成对现代化指标理解的不同，如果将各国发展情况放在同一框架内加以解释，一样的结果很可能解读出完全不同的意义。

那么，当前教育现代化指标体系是在什么背景下设计的呢？当前的教育背景可以分为教育的外部背景和教育的内部背景。所谓教育的外部背景是指社会系统中教育领域外的大环境，具体包括城镇化、信息化和国际化，教育的内部环境是指教育理念。本书设计的指标体系虽未将教育背景单独作为一级指标单列，但以上背景在现有的指标体系中均有所体现。

（一）城镇化与教育现代化指标

就城镇化来讲，除了在教育结果指标中专门设置"随迁子女就读比例"这一指标表征城镇化背景对教育现代化评价指标体系的影响外，也通过其他指标间接体现。例如，在"生师比""班师比"的测算时，城乡统一编制标准，也考虑了城乡一体化对教育现代化的影响。再如，学前教育入学率、九年义务教育巩固率、高中阶段毛入学率等在统计口径上均按常住人口，而不是户籍人口统计，体现了城镇化背景对教育现代化指标体系的影响。另外，在教育过程指标中的"课程开齐开足水平"其实主要针对

第六章　县域教育现代化评价指标体系的确立

农村音体美教师缺编的状况。城镇化进程中的人口大规模流动给学籍管理带来了巨大挑战，国家建立了电子学籍档案系统并实现全国联网，有利于提高入学率和辍学率统计的准确性，保障流动人口子女受教育权，这对于科学及时调控学校布局和规划也有重要意义。

（二）教育信息化与教育现代化指标

就信息化来讲，教育信息化既是教育现代化重要组成内容，也是教育现代化的保障条件和改革动力。

第一，教育信息化推动教育思想现代化。教育信息化有利于更新教育观念，传播现代教育理念。信息具有多源性、易得性和可选性，这使得教育者必须更新教育观念，提高信息素养，利用信息来强化自己，并在知识更新的过程中，努力具备民主观念、平等观念、创新观念、终身观念和全面发展的现代教育理念。

第二，教育信息化有利于促进终身学习。教育信息化加强了课堂与现实世界的联系，改变人们的时空观，人们可以利用现代信息网络、数字图书馆和各种信息资料数据库，在任何时间、任何地点获取信息，并能够与教师、专家、同学进行交互，开展有意义的学习，实现终身学习。

第三，教育信息化有利于建构开放的现代教育体系。学校教育表现为教育被限定在受教育者人生的一个特定阶段的教育，教育期与工作期被人为地截然分开。信息化社会为人们的教育期和工作期的转换和灵活选择提供了技术基础，使教育变为开放式教育。教育的开放性体现在教育内容的开放、教育空间的开放、教学过程的开放和思维训练的开放。信息技术的发展给现代教育带来了发展的动力，为现代教育提供了丰富的信息资源与工具。学

— 213 —

习和学校以及学术机构之间联结起来,其中教育教学和科研设施也实现了互联,教育资源数字化。学科不再孤立,知识体系也正突破学科界限,相互交互、相互兼容。学校与学校之间、学校与社会之间的边界也在消失,相互融合。普通教育与职业技术教育、正规教育与非正规教育将融为一体。学生可以根据需求,自主选择合适的时间、地点和学习方式接受教育,开放式的现代教育体系正在悄然形成。

  第四,教育信息化有利于优质教育资源共享。充分利用网络资源开展阅读、备课和教研活动,提升教师对教学资源的利用能力。首先,网络资源是教师最大的"参考书",网络上优秀的教学案例、教学素材、教学课件、网络课程、电子书籍、教育专题网站等资源具有数据量大、内容丰富、更新快、搜索方法方便快捷等优势,这是传统媒体所不能比拟的。重视并坚持网络阅读是提升教师信息化教学能力的重要途径。其次,在备课时,教师可以在网络上查找、获取大量丰富有效的信息来源,弥补自己原有知识的不足,应用于课堂教学中。将网上资源与课标、教材、学生实际相结合加以修改、完善,可以拓宽教学思路、进而转变教师的教学方式和学生的学习方式。最后,网络为教师专业发展提供了有效平台。网络不受时空的限制,很好地实现了向专家学习、请教,同专家交流、对话的可能。互动的网络教研资源已经为教师的学习提供了有力支持。在网络环境下教师可以方便调用网络上优秀的教学资料,利用教育拨款、网站等交流教学心得,这也是教师专业化发展的一个途径。因此,需要逐步统一规范标准,创新机制,充分调动各方面的积极性,特别是广大师生的创造性,逐步使共建共享走向可持续发展的良性轨道。

第六章　县域教育现代化评价指标体系的确立

第五，教育信息化有助于教学方式改进。信息技术给学习者营造的宽松和谐的学习环境能够帮助学习者突破教育环境的时空限制，学生的学习不再仅是标准件、流水线形式的集体学习和师徒式的个别化学习。学生可根据自己的学习基础、学习进度、学习方法和学习内容，选择恰当时间进行学习，同时学习方式相应地转变为探究式学习、合作学习、自主学习等新型学习方式。

第六，教育信息化有利于提高教师信息技术水平和校长的信息化领导力。培养一批高水平的师资队伍，使他们不仅能使用现代化教学手段，还能运用现代教育思想和教学理论设计教学过程和教学资源，是实现教育信息化的关键。为此，需要加强教师教育技术能力等培训，使教师能够运用信息化思想，掌握现代信息技术手段，更新教学观念，改革传统教学模式和内容，改进教学方法，利用信息技术手段解决教育教学问题，提高教学质量。学校的管理者应建立定期培训制度，开展管理人员教育技术能力培训和教育信息化领导力培训，提升信息化规划能力、管理能力和执行能力，逐步建立工作规范和评价标准。

本书中，办学条件中的教育信息化，即校校通、班班通、人人通属于硬件方面的信息化指标。在教育过程性指标中，"课程开齐开足水平"中的信息技术开设情况、"教学方式改进"中信息技术对教师教学方式、学生学习方式的改进，教育结果性指标中的"终身网络学习覆盖率"等都体现了信息化对教育现代化的影响。

(三) 教育国际化与教育现代化指标

就教育国际化来讲，现有教育现代化指标体系除了常规的外国留学生占高校在校生比例外，还引入了对师生海外学习经历和引进国际教育资源情况的考察，例如，江苏省设置的"本科院校具有海外学习经历的教师和学生比例""职业院校专业课与国际通用职业资格证书对接比例"，上海市设置的"教师到国外进修学习的比例"。广东力图在县域层面反映教育国际化内容，选取了"跨文化教育和国际理解教育"这一指标。此外，上海和江苏还涉及了"教育资源共享"维度。江苏省的资源共享除了考察学校与社会教育资源的共享外，还设置了产学研结合水平、高校学分互认比例两个指标。本书虽然没有将教育国际化单独作为一个维度加以设计，但在教育过程的课程教学维度下设置"优质国际课程资源"，在教育投入的师资队伍维度下设置"境外进修教师比例"，从过程和优质资源方面体现教育国际化对教育现代化的影响。

（四）教育理念与教育现代化指标

就教育理念来讲，教育理念是对教育的理性认识，既是教育思想和教育观念，也是对教育的家长判断，更是对教育实践的信念。现有指标体系体现很多最新的现代理念。比如"全民学习"的教育理念，2011年4月，世界银行推出了《世界银行2020教育战略——全民学习：投资于人们的知识和技能以促进发展》，对未来10年世行在教育领域的关注重点和实践动向进行了规划，提出了"全民学习"的战略新愿景。"全民学习"新战略，完成了从"全民教育"到"全民学习"的转变，加快了从教育到学习的转移。世界银行认为，"全民学习"是一个国家经济长期增长和减贫的关键，面对全球教育面临的挑战，未来教育的目标应从促进"全民教育"转变为促进"全民学习"。"全民学习"意味着确保所有儿童和青年不仅能上学，还能掌握他们拥有健康、有成效的生活并获得有意义的工作所需的知识和技能。"面向全民学习"的新理念和新目标将"学习"概念提到了一个比"教育"更加宽泛的层面，拓展了教育的时间观，也将教育延伸到了新的空间维度。本书设计的指标体系中，除常规入学率外，还设置了"终身学习网络覆盖率""城市和农村居民社会教育活动年参与率""随迁子女就读比例""残疾青少年义务教育入学率"和"家庭经济困难学生资助比例"等指标，这既照顾到适龄人口的受教育机会，也考虑了成人的受教育机会，还照顾到三类特殊群体的受教育机会。需要指出的是，这也体现了终身教育的教育理念。

第二节 县域教育现代化评价指标体系的科学验证

指标体系的建构涉及两个问题：指标选择和指标权重。本节运用两轮德尔菲法，对各级指标的纳入率、均值和变异系数进行统计分析的基础上确定县域教育现代化评价指标体系。在此基础上，运用变异系数法确定各级指标的权重。

一 县域教育现代化评价指标体系的初步确定

（一）德尔菲法

本书采用改进的简化德尔菲法对指标进行筛选并确定指标权重。

根据教育现代化的本质要求、指标体系构建的原则及现有的指标，我们初步设计了县域教育现代化评价指标体系。对三级指标的选取，主要依据已有的研究成果，以能够反映二级指标的主要侧面，体现二级指标的内容特征为主，采用经验的方法获得。在问卷设计方面，在对主要国际组织教育指标体系、国内典型的教育现代化指标体系和教育现代化研究系统梳理的基础上，设计专家咨询表。第一轮问卷旨在初步确定指标框架，采用了"是"与"否"的简单选项，请专家对相应指标是否纳入进行判断。第二轮问卷设计在第一轮专家反馈的基础上，进一步向纵深展开咨询。在问卷设计上，第二轮问卷从影响指标选择的重要性、可操作性两个维度综合进行题项设计，采用李克特五点量表。

在此基础上，为了更完善县域教育现代化评价指标体系，特聘请了23位分别在教育发展、教育财政学、教育管理学等方面卓有建树的国内专家、学者、政府官员、中小学校长等组成咨询专家群，共进行了两轮专家问卷咨询。本次专家咨询分两轮，分别在2014年12月和2015年1月进行。其中在第一轮专家咨询时向专家提供了咨询问题一览表、说明信以及相关的背景材料；在进行第二轮专家咨询时，向专家提供了初步拟订的指标体系和第一轮专家咨询的统计结果，为专家再次对指标进行评价时提供参考。

本书采用德尔菲法进行指标的选择，每轮结束后都对指标体系进行调整，并将专家的主要意见和统计结果反馈给各位专家，请专家再次对调整后的指标体系进行评判。因此，每轮问卷后的专家意见越来越集中，从而得到最终的县域教育现代化评价指标体系。经过两轮专家问卷咨询，结合现阶段我国教育现代化的目标、指标选取原则等，我们最终确定了3个一级指标、8个二级指标和37个三级指标作为评价县域教育现代化的指标体系。

（二）指标确定依据

德尔菲法专家意见的呈现常用集中趋势（均值）、离散程度

第六章 县域教育现代化评价指标体系的确立

（四分位数、标准差、变异系数）和频率分布的形式来表示。本书在专家评价统计分析中，采用专家意见的集中程度和离散程度作为指标选择的主要依据。其中专家意见集中程度用指标的重要性均值、可操作性均值和指标纳入率来表示，专家意见的离散程度用变异系数来呈现。

1. 纳入率

纳入率是指专家对某一指标同意纳入的比例。当某一指标的纳入率高于 0.7（含 0.7）时，指标应给予保留，当某一指标纳入率低于 0.7 时，原则上应给予删除。[①]

2. 均值

从重要性均值来看，影响因素重要性均值越大，影响因素的相对重要性就越高；从可操作性均值来看，具体指标可操作性均值越大，具体指标的相对可操性就越高；重要性均值和可操作性均值均体现了专家评分的集中程度。

计算公式为：$C_i = \dfrac{1}{m}\sum_{j=1}^{m} C_{ij}$

式中，C_i 为影响因素 i 的重要性均值；C_{ij} 为专家 j 对影响因素 i 的评分值；m 为全部参加评分的专家人数。一般认为，指标的均值要大于 3，指标方可保留。[②]

3. 变异系数

变异系数 V_i 是代表评价波动大小的重要指标。它表明专家们对影响因素相对重要性、可操作性认识上的差异程度。变异系数

[①] 王如哲、鲁先华：《台湾教育公平指标之构建》，《教育政策论坛》2011 年第 4 期。
[②] 林小夫、张丽：《中国武术发展指标体系构建及评估研究》，《体育科学》2009 年第 6 期。

越小,专家们的协调程度越高。一般认为,变异系数应小于 0.25,大于 0.25 则表明该指标专家协调程度不够,应给予删除。其计算公式为:

$$V_i = \frac{S_i}{C_i}$$

式中,C_i 为影响因素 i 的重要性、可操作性均值;S_i 为影响因素 i 得分的标准差,即

$$S_i = \sqrt{\frac{1}{m_i - 1} \sum_{j=1}^{m} (C_{ij} - C_i)^2}$$

(三)专家咨询结果分析

1. 第一轮专家咨询结果

专家主要来自高校、科研院所和中小学,其中高校占 39.1%,科研院所占 17.4%,中小学占 43.5%;56.5% 的专家是教学科研岗,43.5% 的专家是学校管理岗;从学历组成来说,本科及以上学历占 95.7%,47.8% 的专家具有博士学历,43.5% 的专家具有副高及以上职称,65.2% 的专家具有行政职务,可见专家组成中,既有专门从事学术研究的研究人员,又有从事学校管理实践工作的中小学校长,且比例大体相当。在参与调查的专家中,30.4% 的专家对教育现代化问题非常熟悉,比较熟悉的占 34.8%,只有 4.3% 的专家对教育现代化较不熟悉,没有不熟悉的。由此可见,专家对指标体系的意见和建议具有较好的代表性。本轮调查问卷共发放 25 份,回收 23 份,回收率 92%。

通过对二级、三级指标是否纳入的分析发现,所有二级指标和三级指标的纳入率均大于 70%,因此都可纳入县域教育现代化评价指标体系。

第六章 县域教育现代化评价指标体系的确立

表6-2　　　　　　　　　　第一轮专家调查结果

编号	指标	纳入率（%）
B1	学生综合素质水平	95.5
B2	教育发展水平	95.2
B3	教育机会	90.5
B4	课程教学	95.2
B5	教育管理	95.2
B6	师资队伍	95.5
B7	教育经费	95.5
B8	办学条件	100
C1	学生品德心理素养	90.9
C2	学生学业成就水平	95.5
C3	学生体育艺术技能	90.9
C4	学前教育毛入园率	100
C5	九年义务教育巩固率	95.5
C6	高中阶段教育毛入学率	95.5
C7	中职教育对口就业率或双证持有率	81.8
C8	新增劳动力平均受教育年限	72.7
C9	终身学习网络覆盖率	77.3
C10	城市和农村居民社会教育活动年参与率	77.3
C11	随迁子女就读比例	90.9
C12	残疾青少年义务教育入学率	100
C13	家庭经济困难学生资助比例	95.5
C14	课程开齐开足水平	100
C15	普通高中选修课比例	85.7
C16	国际优质课程资源	71.4
C17	教学方式改进	72.7
C18	中小学布局合理程度	100
C19	高中阶段普职教育协调发展	76.2
C20	班额达标率	90.5
C21	教育决策的社会参与度	86.4

续表

编号	指标	纳入率（%）
C22	依法行政与简政放权	90.9
C23	学校依法治校水平	90.9
C24	学校民主管理水平	100
C25	生师比	95.2
C26	专任教师学历水平	95.5
C27	中职教育"双师型"教师比例	85.7
C28	接受培训教师比例	90.9
C29	到境外进修学习的教师比例	72.7
C30	"三个增长"达成情况	90.9
C31	公共财政预算教育经费占公共财政支出比例	90.9
C32	生均预算内教育事业费	95.2
C33	生均预算内公用经费	95.5
C34	教师培训经费占教职工工资的比例	81.8
C35	教育费附加用于职业教育的比例	81.8
C36	基本办学条件达标学校比例	100
C37	教育信息化	100

2. 第二轮专家咨询结果

在进行第二轮咨询时，首先将第一轮专家咨询结果进行总结与综合，并反馈给参加过第一轮专家咨询的专家，请专家从具体指标的重要性、可操作性等两个维度进行评价，同时了解专家对每个指标的熟悉程度，计算出各指标得分的均值、变异系数。

从咨询结果来看，三级指标的重要性、可操作性的均值均大于3；所有三级指标中的重要性变异系数均小于0.25，说明这些指标对衡量教育现代化很重要；但在37个三级指标中，有13个指标的可操作性变异系数大于0.25，说明这些指标虽然重要，但不易测量。具体来说：

第六章 县域教育现代化评价指标体系的确立

就二级指标而言,教育质量和教育治理的重要性的变异系数分别为 0.12 和 0.10,都小于 0.25,而可操作性变异系数分别为 0.29 和 0.30,均大于 0.25,说明这两项指标都很重要,但不易操作,这与我们的判断是一致的。师资队伍和教育经费的重要性的变异系数均为 0.26,稍大于 0.25,而可操作性的变异系数分别为 0.20 和 0.15,均小于 0.25,说明两项指标虽容易测量,但不太重要。

就三级指标而言,教育质量指标中的"学生品德心理素养""学生体育艺术技能",教育发展指标中的"新增劳动力平均受教育年限""终身学习网络覆盖率""城市和农村居民社会教育活动年参与率",课程教学指标中的"教学方式改进",教育治理指标中的"中小学布局合理程度""高中阶段普职教育协调发展""教育决策的社会参与度""依法行政与简政放权""学校依法治校水平""学校民主管理水平",师资队伍指标中的"到境外进修学习的教师比例"等指标的可操作性变异系数均大于 0.25,不易测量。

后期我们对相关专家进行了访谈,专家反映教育发展指标的"新增劳动力平均受教育年限""终身学习网络覆盖率""城市和农村居民社会教育活动年参与率"大多属于继续教育,根据县域管理权限,不宜纳入县域层面的教育现代化指标体系,因此从中删去。那么其余指标是否就不宜纳入教育现代化评价指标呢?考虑到这些三级指标的重要性和可操作性的均值、重要性的变异系数均符合要求,同时,从指标内涵上看,这些指标与县域教育现代化相关性较高,经与专家讨论,仍将以上 10 项三级指标保留在县域教育现代化指标体系中。同时在下述的指标说明中,对其测量方法进行详细阐述。

表6-3　　　　　　　　第二轮专家调查结果

编号	指标	重要性 均值	重要性 标准差	重要性 变异系数	可操作性 均值	可操作性 标准差	可操作性 变异系数
B1	学生综合素质水平	4.65	0.573	0.12	3.55	1.011	0.29
B2	教育发展水平	4.70	0.635	0.14	3.82	0.664	0.17
B3	教育机会	4.52	0.665	0.15	3.68	0.894	0.24
B4	课程教学	4.74	0.541	0.11	3.83	0.717	0.19
B5	教育管理	4.70	0.470	0.10	3.36	1.002	0.30
B6	师资队伍	4.52	1.163	0.26	4.13	0.815	0.20
B7	教育经费	4.43	1.161	0.26	4.39	0.656	0.15
B8	办学条件	4.43	0.896	0.20	4.26	0.689	0.16
C1	学生品德心理素养	4.83	0.491	0.10	3.17	0.937	0.30
C2	学生学业成就水平	4.43	0.662	0.15	4.00	0.853	0.21
C3	学生体育艺术技能	4.43	0.662	0.15	3.74	1.054	0.28
C4	学前教育毛入园率	4.55	0.596	0.13	4.43	0.590	0.13
C5	九年义务教育巩固率	4.77	0.429	0.09	4.43	0.590	0.13
C6	高中阶段教育毛入学率	4.50	0.673	0.15	4.30	0.822	0.19
C7	中职教育对口就业率或双证持有率	4.52	0.680	0.15	3.61	1.076	0.30
C8	新增劳动力平均受教育年限	4.27	0.767	0.18	3.52	1.201	0.34
C9	终身学习网络覆盖率	4.41	0.796	0.18	3.35	1.071	0.32
C10	城市和农村居民社会教育活动年参与率	4.32	0.716	0.17	3.17	1.154	0.36
C11	随迁子女就读比例	4.41	0.666	0.15	3.86	0.990	0.26
C12	残疾青少年义务教育入学率	4.45	0.671	0.15	4.09	0.750	0.18
C13	家庭经济困难学生资助比例	4.64	0.492	0.11	4.18	0.733	0.18
C14	课程开齐开足水平	4.65	0.573	0.12	4.26	0.541	0.13
C15	普通高中选修课比例	4.23	0.612	0.14	4.14	0.468	0.11

续表

编号	指标	重要性 均值	重要性 标准差	重要性 变异系数	可操作性 均值	可操作性 标准差	可操作性 变异系数
C16	国际优质课程资源	3.95	0.785	0.20	3.68	0.568	0.15
C17	教学方式改进	4.30	0.876	0.20	3.30	1.063	0.32
C18	中小学布局合理程度	4.68	0.568	0.12	3.68	0.995	0.27
C19	高中阶段普职教育协调发展	4.23	0.685	0.16	3.50	1.058	0.30
C20	班额达标率	4.45	0.739	0.17	4.36	0.658	0.15
C21	教育决策的社会参与度	4.61	0.583	0.13	3.09	1.240	0.40
C22	依法行政与简政放权	4.70	0.470	0.10	3.00	1.206	0.40
C23	学校依法治校水平	4.83	0.388	0.08	3.26	1.096	0.34
C24	学校民主管理水平	4.83	0.388	0.08	3.43	1.037	0.30
C25	生师比	4.50	0.673	0.15	4.41	0.734	0.17
C26	专任教师学历水平	4.65	0.573	0.12	4.48	0.846	0.19
C27	中职教育"双师型"教师比例	4.41	0.734	0.17	4.05	0.899	0.22
C28	接受培训教师比例	4.48	0.665	0.15	4.26	0.689	0.16
C29	到境外进修学习的教师比例	3.87	0.869	0.22	3.61	1.340	0.37
C30	"三个增长"达成情况	4.57	0.590	0.13	4.27	0.883	0.21
C31	公共财政预算教育经费占公共财政支出比例	4.65	0.487	0.10	4.55	0.596	0.13
C32	生均预算内教育事业费	4.78	0.422	0.09	4.55	0.671	0.15
C33	生均预算内公用经费	4.78	0.422	0.09	4.55	0.800	0.18
C34	教师培训经费占教职工工资的比例	4.48	0.730	0.16	4.32	0.894	0.21
C35	教育费附加用于职业教育的比例	4.35	0.832	0.19	4.36	0.790	0.18
C36	基本办学条件达标学校比例	4.62	0.498	0.11	4.57	0.507	0.11
C37	教育信息化	4.62	0.590	0.13	4.33	0.577	0.13

二 县域教育现代化评价指标体系权重的确定

从客观上讲，不同的指标及指标模块在指标体系中的影响程度是不一样的，如何表达权重是构建指标体系时一个不可回避的问题。通常做法是设定指标的权重系数来体现其差别。

（一）权重的确定方法

目前确定指标权重的方法有主观赋权法和客观赋权法两大类。其中，主观赋权法是指采取定性方法，由专家根据经验进行主观判断获得权重，如均值法（德尔菲法）、层次分析法等。主观赋权法的赋权结果与评价者的知识结构、工作经验及偏好等有关，同时评价过程的透明性和再现性差。客观赋权法是指依据指标间的相关关系或各指标的变异系数来确定，如变异系数法、主成分分析法、熵值法等。客观赋权法的赋权原始信息直接来自各指标提供的信息量大小，赋权系数来自指标在指标总体中的变异程度和对其他指标影响程度。两大类赋权法各有千秋也各有局限。主观赋权反映了评价者的价值取向和主观判断，甚至直觉，但可能会因评价者知识经验、价值观念的影响，使评价结果带有主观倾向。客观赋权通常利用比较完善的数学理论与方法，依据客观数据说话，但也可能会受数据不完整或偏差的影响，使评价结果偏离事实判断。为此，需要从评价目标和取向上选择权重确定的方法，既可以单独使用某一种赋权方法，也可以综合使用两种赋权方法。

在本书中，鉴于主观赋权法主要依赖主观判断，精确度不够，而客观赋权法中的层次分析法要求两两比较，考虑到本书的指标较多，如进行两两比较，工作量巨大。因此，本书采用变异

第六章 县域教育现代化评价指标体系的确立

系数法,依据各项指标的变异系数计算各指标的权重。变异系数法作为一种客观赋权的方法,直接利用各项指标所包含变异系数值,通过计算得到指标的权重,比较简便可行。此方法的基本做法是:在评价指标体系中,指标取值差异越大的指标,也就是越难以实现的指标,这样的指标更能反映被评价单位的差距。

(二)县域教育现代化指标体系的权重

由于评价指标体系中的各项指标的量纲不同,不宜直接比较其差别程度。为了消除各项评价指标的量纲不同的影响,需要用各项指标的变异系数来衡量各项指标取值的差异程度。

各项指标的变异系数公式如下:

$$V_i = \frac{S_i}{C_i}$$

式中,V_i 是第 i 项指标的变异系数,也称为标准差系数;为影响因素 i 的重要性均值;为影响因素 i 得分的标准差。各项指标的权重计算公式为:

$$W_i = \frac{V_i}{\sum_{i=1}^{n} V}$$

即每项指标的权重等于该项指标的变异系数与该指标同一层级的所有指标变异系数加总值之比,进而得出各指标权重计算结果。

由于每个指标的重要性和可操作性各有一个变异系数,考虑到权重的大小主要表征指标的重要性,因此本书根据指标的重要性对应的变异系数计算各个指标的权重。

表 6-4　　县域教育现代化指标的权重

编号	指标	变异系数	权重（%）
C1	学生品德心理素养	0.10	2
C2	学生学业成就水平	0.15	3
C3	学生体育艺术技能	0.15	3
C4	学前教育毛入园率	0.13	3
C5	九年义务教育巩固率	0.09	2
C6	高中阶段教育毛入学率	0.15	3
C7	中职教育对口就业率或双证持有率	0.15	3
C8	新增劳动力平均受教育年限	0.18	3
C9	终身学习网络覆盖率	0.18	3
C10	城市和农村居民社会教育活动年参与率	0.17	3
C11	随迁子女就读比例	0.15	3
C12	残疾青少年义务教育入学率	0.15	3
C13	家庭经济困难学生资助比例	0.11	2
C14	课程开齐开足水平	0.12	2
C15	普通高中选修课比例	0.14	3
C16	国际优质课程资源	0.20	4
C17	教学方式改进	0.20	4
C18	中小学布局合理程度	0.12	2
C19	高中阶段普职教育协调发展	0.16	3
C20	班额达标率	0.17	3
C21	教育决策的社会参与度	0.13	3
C22	依法行政与简政放权	0.10	2
C23	学校依法治校水平	0.08	2
C24	学校民主管理水平	0.08	2
C25	生师比	0.15	3
C26	专任教师学历水平	0.12	2
C27	中职教育"双师型"教师比例	0.17	3
C28	接受培训教师比例	0.15	3
C29	到境外进修学习的教师比例	0.22	4

第六章 县域教育现代化评价指标体系的确立

续表

编号	指标	变异系数	权重（%）
C30	"三个增长"达成情况	0.13	3
C31	公共财政预算教育经费占公共财政支出比例	0.10	2
C32	生均预算内教育事业费	0.09	2
C33	生均预算内公用经费	0.09	2
C34	教师培训经费占教职工工资的比例	0.16	3
C35	教育费附加用于职业教育的比例	0.19	4
C36	基本办学条件达标学校比例	0.11	2
C37	教育信息化	0.13	3

由于四舍五入的原因，以上三级指标的总和大于1。具体来说，比如两个指标的权重都是3.5%，指标权重之和是7%，但如果四舍五入两个指标的权重均为4%，指标之和为8%，由此造成三级指标之和大于1。为此，我们对个别指标的权重进行了调整。具体调整如下：将"学生品德心理素养"权重提高到3%，与学业成就水平和体育艺术技能并重；将"新增劳动力平均受教育年限""终身学习网络覆盖率""城市和农村居民社会教育活动年参与率"三个指标的权重由3%降低到2%，主要考虑到三个指标为继续教育范畴，不全是县域教育行政部门的责任；将"家庭经济困难学生资助比例"由2%提高到3%，将家庭经济困难学生与随迁子女和残疾青少年放到同等重要地位。将"教育费附加用于职业教育的比例"由4%降低为3%，因为该指标不仅包括中职，还包括高职，而高职不在县域教育行政部门的管辖范围。

三 县域教育现代化指标体系的最终确定

综合上述两部分，我们得出县域教育现代化评价指标体系如下（见表 6-5）。

表 6-5　　　　县域教育现代化评价指标体系

一级指标	二级指标	编号	三级指标	权重（%）
教育结果（35%）	学生综合素质水平（9%）	1	学生品德心理素养	3
		2	学生学业成就水平	3
		3	学生体育艺术技能	3
	教育发展水平（17%）	4	学前教育毛入园率	3
		5	九年义务教育巩固率	2
		6	高中阶段教育毛入学率	3
		7	中职教育对口就业率或双证持有率	3
		8	新增劳动力平均受教育年限	2
		9	终身学习网络覆盖率	2
		10	城市和农村居民社会教育活动年参与率	2
	教育机会（9%）	11	随迁子女就读比例	3
		12	残疾青少年义务教育入学率	3
		13	家庭经济困难学生资助比例	3
教育过程（30%）	课程与教学（13%）	14	课程开齐开足水平	2
		15	普通高中选修课比例	3
		16	国际优质课程资源	4
		17	教学方式改进	4
	教育管理（17%）	18	中小学布局合理程度	2
		19	高中阶段普职教育协调发展	3
		20	班额达标率	3
		21	教育决策的社会参与度	3
		22	依法行政与简政放权	2
		23	学校依法治校水平	2
		24	学校民主管理水平	2

续表

一级指标	二级指标	编号	三级指标	权重（%）
教育投入（35%）	师资队伍（15%）	25	生师比	3
		26	专任教师学历水平	2
		27	中职教育"双师型"教师比例	3
		28	接受培训教师比例	3
		29	到境外进修学习的教师比例	4
	教育经费（15%）	30	"三个增长"达成情况	3
		31	公共财政预算教育经费占公共财政支出比例	2
		32	生均预算内教育事业费	2
		33	生均预算内公用经费	2
		34	教师培训经费占教职工工资的比例	3
		35	教育费附加用于职业教育的比例	3
	办学条件（5%）	36	基本办学条件达标学校比例	2
		37	教育信息化	3

第三节　研究优势、创新点和不足

"不谋全局者，不足谋一域。"所谓"全局与一城"，就是要处理好宏观和微观、整体和部分的关系。现代化的问题本质是发展的问题，发展涉及方方面面。教育现代化问题具有综合性、复杂性和反复性，单一领域的改革往往容易夭折，因此问题解决办法往往是综合的、立体的、配套的。教育现代化指标不是某一教育领域的单兵突进，而是覆盖教育结果、教育过程和教育投入的协同推进。在教育结果上，既有宏观的各级各类入学率问题，也有学生层面的德智体发展问题；在教育过程上，既有宏观的教育治理，包括布局调整、教育行政、学校管理，还涉及微观层面的课程教学；在教育投入上，既有办学条件等硬件建设，也有师资队伍等软件发展，同时还有经费保障等。这也体现了牵一发而动全身的"链式效应"。通过对教育现代化指标的研究，对相关教育政策、整个教育发展从宏观角度上鸟瞰，有一种"一览众山小"的感觉。

一 县域教育现代化评价指标体系的优势

第一，具有清晰的目标模式。模式清晰代表顶层设计或者总体思路是清晰的。县域教育现代化评价的目的在于推动、引领和检测教育现代化建设，现阶段以引领发展的作用最为重要。本书构建的教育现代化指标体系框架结构，为客观、真实、全面、有效地反映教育现代化现状及其在教育现代化进程中的内在的、本质的、必然的联系创造了认识工具。教育现代化指标框架经反复研究论证，力求用这些指标反映每个方面评价内容，同时又能够针对当前县域教育发展中存在的突出问题和薄弱环节，解决面临的实际问题。《教育规划纲要》体现了基本实现教育现代化的重要战略部署，因此教育现代化评价指标体系建构应重视对《教育规划纲要》主要目标、重点任务的响应。本书采用多元整合的建构模式，即指标体系的建构将以"输入—过程—输出"的系统模式为基础，以问题模式和目标模式为引导。到2020年前后，教育现代化评价的目的就应以评估发展水平为主要目的，建议评价指标体系以对产出的评估为主。

第二，各级指标分工明确。现阶段县域教育现代化评价指标体系的一级指标围绕教育投入、教育现代化基本特征来组织，从

第六章 县域教育现代化评价指标体系的确立

而在全社会形成对县域教育现代化基本特征的共识。二级指标是主题层,主要以教育现代化建设中要解决的重点问题和热点问题为主,主题不能求全责备,体现公共政策的优先排序性和现实可行性。三级指标是指标层,选择与主题层相配的若干具体指标,主要从总量、结构和公平三方面,分别采用发展水平质变、结构性指标和均衡性指标。具体来说,其一,发展水平指标,用于衡量县域教育整体发展状况,主要包括发展水平(学生综合素质、各级升学率、人均受教育年限)、办学条件(是否达标)、教育效益(中职教育对口就业率)等层面指标。其二,结构性指标,用于衡量县域教育结构的合理化程度,包括基础教育和中等职业教育发展水平指标的合理化设计,还包括教育投入状况的经费资源配置指标。其三,均衡性指标,用于衡量县域教育发展差异状况,采用了"人均发展量"和"比率"两项指标。考虑到各县域面积、人口数量、经济状况的客观差异较大,因此,整个指标体系除"总量"指标外,重视采用"人均发展量"和"比率",如生均预算内教育事业费、生均预算内公用经费、公共财政支出中教育经费所占比例。

第三,对教育结果指标的格外关注。教育现代化,归根结底是教育结果的现代化,从某种意义上,对结果的评价可以取代一切评价。因此我们把教育结果放在首要位置,在指标数目和指标权重设计上也向结果模块倾斜。

第四,数据收集方面,尽量与现有统计数据吻合。教育现代化涉及范围较广、部门较多,收集统计资料的渠道单一等,因而所建立教育现代化指标体系如何在深度和广度方面拓展,又与现实的单一的统计报表制度相吻合,也是研究的创新点。

第五,在研究方法上,立足于理论与实践、定性与定量分析、归纳与演绎的有机结合,在对国际组织的教育指标、国内教育指标进行比较研究的基础上,研究其经验与启发意义;并在研究过程中多次经过专家论证,使本书的理论水平与实践运用效果得到不断提升,为改革我国县域教育统计制度奠定了一定的理论基础。

二 研究创新点和不足

(一)创新点

教育现代化指标体系建立本身就是一个实践性和应用性较强的重大研究课题。本书在县域教育现代化评价指标体系设计方面取得了一些开拓性的成果。

第一,指标体系在一定程度上体现了教育现代化的本质,反映了现代教育的基本要求。现有指标体系无法充分反映教育现代化的本质,本书设计的教育现代化指标体系在一定程度上增强了教育现代性。在教育结果模块中,"学生综合素质水平"相关指标体现了教育人道性中的优质性,"教育发展水平"和"教育机会"相关指标体现了教育人道性中的公平性。在教育过程模块中,"课程开齐开足水平"和"普通高中选修课比例"体现了多样性;"依法行政与简政放权""学校依法治校水平"体现了教育的法治性;"教育决策的社会参与度"和"学校民主管理水平"体现了教育的民主性。在教育投入模块中,"师资队伍"相关指标体现了教育的专业性;"教育经费"相关指标体现了教育的生产性;"办学条件"相关指标体现了教育理性中的技术理性。

第二,指标体系的结构更合理。从指标的分布来说,本书对过程性指标的设计进行了初步探索。现有指标体系大都关注教育

第六章 县域教育现代化评价指标体系的确立

结果和教育投入,对教育过程指标研究较少,本书从微观层面的课程与教学和宏观层面的教育管理两个维度对教育过程进行了初步探索。

从指标的类型来说,指标数量向软件建设指标、质量性指标和结构性指标倾斜。比如,在教育投入部分,减少硬件建设指标,增加软件建设指标,办学条件指标仅设置两项,而师资队伍指标设置五项;同时增加质量性指标,减少数量性指标,相对教师数量来说,更重视教师的专业发展,增加教师培训指标;同时在经费指标的设置上,更加重视经费支出结构的合理性,专设教师培训经费和职业教育经费指标以保障教师专业发展和职业教育发展的需要。

从指标的权重分配来说,指标权重向有利于解决教育改革和发展中重大难题的指标倾斜。比如在教育发展水平指标中,在九年义务教育基本普及的前提下,为了解决学前教育入园率低的问题,将"学前教育毛入园率"的权重设定为3%,高于"九年义务教育巩固率"的2%。又如,在课程与教学维度下课程相关指标的权重分配上,表示课程数量的"课程开齐开足水平"的权重为2%,而表示课程多样性和质量的"普通高中选修课比例"和"国际优质课程资源"的权重分别为3%和4%,体现了在课程基本开齐开足的前提下,对课程多样、优质的更高要求。再如,在教师培训指标权重的分配上,鉴于大多数教师都能接受培训,但培训的针对性、有效性不高的现状,将衡量教师培训覆盖面的"接受培训教师比例"权重设为3%,而将衡量教师培训质量的"到境外进修学习的教师比例"权重设为4%,同时为了保证教师培训的经费充足性,将"教师培训经费占教职工工资的比例"权重设为3%。

第三，对难测指标的测量进行了有益的探索。研究对学生品德心理素养和教育管理等较难测量指标的测量方法进行了探索性研究，系统分析了可能的测量方案，并尝试提出可行的测量方法。在指标测量的崎岖道路上，迈出哪怕是一个很小的步子也是很不容易的，何况是一个新领域中进行探索。但不管如何艰难，指标的测量也总得有人迈步，有人摔跤，才可能有所前进。本书的观点未必成熟，但总是本书努力探索的成果。

（二）研究不足

建立指标体系的目标是进行科学的评价，而评价的目的是促进更好的发展。作为一种探索性的研究工作，本身就很难有一个终极的标准，本书做了一个大胆的尝试，意在抛砖引玉，促进对我国教育现代化的理论与实践的研究。但研究工作还是比较粗糙，缺乏系统性和全面性，还需要进一步的实践检验。

第一，缺乏指标体系的实证研究。由于我国各地经济社会和教育发展水平差异很大，各地具体情况千差万别，本书设计的县域教育现代化评价指标体系，仅仅解决了有无的问题，但该指标体系是否科学合理、是否切实可行，还需要各地根据实际情况在实践中不断探索完善，指标体系的指标和目标值还需实践的进一步检验和修正。

第二，个别指标的目标值缺乏具体标准和全国以及区域常模。就评价指标的标准而言，大都具有相关政策依据，而且各级入学率、教育经费等有明确的数量规定，但学生品德发展、教育治理等只是原则性要求，缺乏具体标准和全国以及区域常模。

第三，在研究方法上，在数据收集可获得的前提下，考虑采用聚类分析、因子分析等高级统计分析方法建构指标体系。

参考文献

一　专著

安晓敏：《义务教育公平指标体系研究——基于县域内义务教育校际差距的实证分析》，教育科学出版社2012年版。

褚宏启：《教育现代化的路径——现代教育导论》（第2版），教育科学出版社2013年版。

方晓东：《中国教育发展报告2012》，教育科学出版社2014年版。

关松林：《教育信息化校长读本》，高等教育出版社2014年版。

郝克明：《跨进学习社会的重要支柱——中国继续教育的发展》，高等教育出版社2001年版。

何传启：《第二次现代化——人类文明进程启示录》，高等教育出版社1992年版。

胡卫、唐晓杰：《中国教育现代化进程研究》，教育科学出版社2010年版。

霍益萍、朱益明：《中国高中阶段教育发展报告2013》，华东师范大学出版社2014年版。

简茂发、李琪明：《当代教育指标》，学富文化事业有限公司2001

年版。

经济合作与发展组织：《教育概览 2013：OECD 指标》，中国教育科学研究院译，教育科学出版社 2013 年版。

［美］卡诺依：《教育经济学国际百科全书》（第 2 版），闵维方等译，高等教育出版社 2002 年版。

联合国教科文组织：《教育——财富蕴藏其中》，教育科学出版社 1996 年版。

刘芳：《中国义务教育发展报告 2012》，教育科学出版社 2013 年版。

楼世洲：《区域教育可持续发展指标体系研究》，教育科学出版社 2012 年版。

罗荣渠：《现代化新论：中国的现代化之路》，华东师范大学出版社 2013 年版。

世界银行：《2013 年世界发展指标》，中国财政经济出版社 2013 年版。

宋乃庆、李森、朱德全：《中国义务教育发展报告 2012》，教育科学出版社 2013 年版。

南国农：《教育现代化的必由之路》，高等教育出版社 2000 年版。

谈松华：《中国教育现代化的区域发展》，广东教育出版社 2003 年版。

万资姿：《人的全面发展：从理论到指标体系》，中央编译出版社 2011 年版。

邬志辉、秦玉友：《中国农村教育发展报告 2012》，北京师范大学出版社 2014 年版。

杨国赐：《现代化与教育改革》，台湾师大书苑有限公司 1991 年版。

郑杭生、李强、李路路：《当代中国社会结构和社会关系研究》，首都师范大学出版社1997年版。

郑杭生、李强、李路路：《社会指标理论研究》，中国人民大学出版社1989年版。

《中国大百科全书》总编辑委员会：《中国大百科全书（社会学）》，中国大百科全书出版社1991年版。

中国学生体质与健康研究组：《2005年中国学生体质与健康调研报告》，高等教育出版社2007年版。

中央教育科学研究所国际比较教育研究中心：《中国教育竞争力报告2010》，教育科学出版社2011年版。

朱庆芳、吴寒光：《社会指标体系》，中国社会科学出版社2001年版。

二 期刊

曹青阳：《稳步迈向教育现代化》，《教育研究》1995年第3期。

曾天山：《教育现代化是引领教育事业科学发展的先导旗帜》，《中国高等教育》2013年第8期。

陈卫东：《"学生泼老师"警醒了什么》，《中国教育报》2014年11月17日第1版。

楚江亭：《关于构建我国教育发展指标体系的思考》，《中国教育学刊》2002年第2期。

楚江亭：《关于建立我国教育发展指标体系的思考——兼论OECD教育发展指标体系的主要内容》，《教育理论与实践》2002年第4期。

褚宏启：《构建教育现代化指标体系的思考》，《中国高等教育》2013年第11期。

褚宏启：《关于教育现代化的几个问题》，《教育科学》1997年第3期。

褚宏启：《教育现代化的本质与评价——我们需要什么样的教育现代化？》，《教育研究》2013年第11期。

褚宏启：《政府与学校的关系重构》，《教育科学研究》2005年第1期。

范先佐：《农村教师拿什么留住你？》，《中国教育报》2013年10月17日第5版。

冯增俊：《试论我国教育现代化的基本任务和主要特征》，《中国教育学刊》1995年第4期。

耿申：《学校适宜规模及相关设施标准》，《教育科学研究》2003年第5期。

顾骏、常生龙、陆岳新、文新华：《教育满意度调查该如何让人信服》，《中国教育报》2014年5月16日第2版。

顾明远：《试论教育现代化的基本特征》，《教育研究》2012年第9期。

胡伟：《公众满意度：政府绩效的最终标准》，《中国教育报》2014年4月4日第6版。

教育部：《2013年全国教育事业发展统计公报》，http://www.moe.edu.cn/publicfiles/business/htmlfiles/moe/moe_633/201407/171144.html，2014-7-4。

教育部：《关于2013年全国教育经费执行情况统计公告》，http://www.moe.edu.cn/publicfiles/business/htmlfiles/moe/s3040/201411/178035.html，2014-10-31。

教育部：《关于印发〈全面推进依法治校实施纲要〉的通知》，http://www.moe.edu.cn/publicfiles/business/htmlfiles/moe/s5933/201301/146831.html,2012－11－22。

教育部:《教育部关于2010年全国学生体质与健康调研结果公告》,http://www.moe.edu.cn/publicfiles/business/htmlfiles/moe/s5948/201109/124202.html,2011－08－29/2014－12－23。

教育部:《教育信息化十年发展规划(2011—2020年)》,http://www.moe.edu.cn/publicfiles/business/htmlfiles/moe/s3342/201203/xxgk_133322.html,2012－3－13。

雷虹:《沪、苏、浙、粤教育现代化评估实践现状分析及其对北京的借鉴》,载方中雄、桑锦龙《首都教育改革的新形势和新任务:北京教育发展研究报告·2013年卷》,北京出版社2013年版。

李建忠:《欧盟教育质量监测的指标和基准》,《比较教育研究》2009年第10期。

梁海伟:《办好人民满意教育的关键点》,《中国教育学刊》2014年第2期。

林小美、张丽:《中国武术发展指标体系构建及评估研究》,《体育科学》2009年第6期。

刘炯:《为残疾青少年圆梦插上法律的翅膀》,《中国教育报》2015年1月16日第5版。

刘云杉:《何为人民满意的教育》,《中国教育报》2011年3月19日第2版。

柳青河:《农村学校为啥缺乏吸引力》,《人民日报》2014年10月9日第18版。

罗归国：《社会主义现代化和人的现代化》，《理论学刊》1999年第5期。

马国贤、马志远：《教育支出占GDP的比重：国际比较与政策建议》，《教育发展研究》2009年第2期。

邱白莉、冯增俊：《教育现代化指标体系比较研究——江苏教育现代化指标体系研究》，博士学位论文，华南师范大学，2006年。

沈国麟：《国际顶尖智库眼中的2014世界局势》，《光明日报》2015年2月25日第16版。

苏令：《残缺的世界更需要关注和理解》，《中国教育报》2015年1月15日第5版。

孙袁华、张熙：《建构我国的高质量义务教育评价指标体系——一种国际化视野的归类比较与综合分析》，《教育理论与实践》2003年第8期。

谈松华、袁本涛：《教育现代化衡量指标问题的探讨》，《清华大学教育研究》2001年第1期。

汪明：《教师编制城乡统一要落地"有声"》，《中国教育报》2014年12月2日第2版。

王灿明：《情境教育：基础教育的新方向》，《光明日报》2014年11月18日第14版。

王浩斌、王飞南：《现代化理论与理论的现代化——对现代化理论历史演进的理性思考》，《吉首大学学报》（社会科学版）2004年第3期。

王利珉、朱佳生：《对现代化及其标准的探讨》，《上海高教研究》1998年第8期。

参考文献

王蓉:《"办人民满意的学校"——一个关于中小学校的民众满意度调查》,《北京大学教育评论》2008年第4期。

王如哲、鲁先华:《台湾教育公平指标之构建》,《教育政策论坛》2011年第4期。

王寿斌:《必须理性看待职业院校就业率》,《中国教育报》2013年8月27日第5版。

王唯:《OECD教育指标体系对我国教育指标体系的启示——OECD教育指标在北京地区实测研究》,《中国教育学刊》2003年第1期。

魏海政:《城乡优质师资差距进一步拉大》,《中国教育报》2013年9月8日第1版。

魏哲哲:《留住农村教师,靠什么?》,《人民日报》2014年10月9日第18版。

魏哲哲:《农村教师没尊严,哪来教育公平》,《人民日报》2014年11月6日第17版。

魏哲哲:《书写农村教育的精彩》,《人民日报》2014年10月30日第18版。

吴康宁:《教育领域综合改革需要怎样的社会支持》,《教育研究与实验》2013年第6期。

夏心军:《走出教育现代化的四大误区》,《现代中小学教育》2003年第3期。

项贤明:《教育改革中的问题辨析》,《中国教育学刊》2015年第1期。

肖超然:《五四马克思主义与教育现代化》,《教育研究》1989年第5期。

辛涛、黄宁：《教育公平的终极目标：教育结果公平——对教育结果公平的重新定义》，《教育研究》2009年第8期。

辛涛：《评价结果怎么用才科学?》，《中国教育报》2014年3月4日第6版。

阎立钦、曾天山：《关于发达地区基础教育现代化发展述评若干指标的思考》，《教育研究》2001年第10期。

阳锡叶、舒文：《教师编制亟须向农村倾斜》，《中国教育报》2014年2月25日第2版。

杨东平：《教育现代化：一种价值选择》，《中国教育学刊》1994年第2期。

杨明：《中国教育离教育现代化目标有多远》，《教育发展研究》2000年第8期。

叶平、王蕊：《中国教育现代化区域聚类与特征分析》，《教育研究》2003年第7期。

尹后庆：《评价改革：先行先试先获利——上海市"绿色指标"综合评价改革透视》，《中国教育报》2014年3月4日第7版。

袁桂林：《农村教师编制政策需重新审视》，《人民日报》2014年11月6日第17版。

张国强：《OECD教育发展指标体系分析及启示——以〈教育概览：OECD指标（2003）〉为例》，《外国教育研究》2006年第11期。

周德藩：《跨世纪的战略选择——关于我省教育现代化工程的若干思考》，《江苏教育研究》1995年第4期。

周毅：《西方现代化理论与中国现代化之路》，《改革与理论》2003年第1期。

Catalog

Chapter one Introduction

Section one Origin of research

First, the background of topic selection

Two, research significance

Three, the definition of the core concept

Section Two Journals reviewed

One, the theoretical study of modernization and education modernization

Two, the theoretical study of indicators and educational indicators

Three, a review of the international main educational index system

Four, a review of China's educational modernization index

Section Three Research Design

First, research problems

Two, research ideas

Three, research methods

Four, technical roadmap

Five, the frame structure of the paper

Chapter Two the theoretical construction of the evaluation index system of education modernization

Section one theoretical thinking on the evaluation index system of education modernization

One, misunderstandings in the practice of education modernization

Two, the re understanding of the essence and evaluation of the modernization of Education

Section Two the technical path of constructing educational modernization evaluation index system

One, the functional orientation of the evaluation index system of educational modernization

Two, the design principles of the evaluation index system of educational modernization

Three, the reference system of the evaluation index system of educational modernization

Four, the evaluation method of the evaluation index system of educational modernization

Section Three the frame structure of the evaluation index system of education modernization

One, overview of existing education modernization evaluation index system framework

Two, comment on the framework of existing education modernization evaluation index system

Three, the framework design of county education modernization index system

Chapter Three Study on the evaluation index system of educational results

Section One The design of the index framework for the evaluation of educational results

One, the re understanding of the educational results

Two, the framework of the evaluation index of educational results

Section Two Study on evaluation index of students' comprehensive quality level

One, the design of the comprehensive quality level framework for students

Two, research on the evaluation indicators of students' comprehensive quality

Section Three Study on evaluation index of educational development level

One, the design of the framework for the development of Education

Two, measurement of the level of education development level

Three, the reference Department of the level of education development level

Section Four Research on the evaluation index of equal education opportunity

One, the design of the equal framework for educational opportunities

Two, research on the evaluation indicators of measurement and reference frame of equal educational opportunity

Section Five Study on the index of educational satisfaction

An overview and review of educational satisfaction index

Two. Thinking about the index of education satisfaction

Chapter Four Research on Evaluation Index System of Educational Process

Section One Design of the evaluation framework for educational process evaluation

One, the necessity of evaluation of educational process

Two, the framework of educational process evaluation indicators

Section Two Study of Curriculum and Teaching Indicators

One, the research of curriculum and teaching indicator framework

Two, research on the evaluation indicators of curriculum and teaching

Three, the high school stage elective course index research

Four, the study of international quality curriculum resources indicators

Five, research on the evaluation indicators of teaching method

Section Three Research on Education Management Indicators

One, design of the education management indicator framework

Two, the design of layout coordination indicators

Three, the design of coordinated development indicators for general education

Four, the design of class size indicators

Five, the design of public participation indicators for education policy

Six, the design of the transformation index of educational administrative functions

Seven, Research on the evaluation indicators of school management

Chapter Five Research on Evaluation Index System of Education Input

Section one Design of the Evaluation Index Framework for Education Input

One, the necessity of evaluation of education investment

Two, the framework of educational input evaluation indicators

Section Two Research on the Evaluation Index of Teachers

One, design of the evaluation framework for the teaching staff

Two, Research on the evaluation indicators of the number of teachers

Three, research on the evaluation indicators of teacher quality indicators

Four, research on the evaluation indicators of teacher participation in training

Section Three Researches on Evaluation Indicators of Education Funds

One, Framework design of education funding indicators

Two, Research on the evaluation indicators of education funding adequacy

Three, Research on the structure indicators of education expenditure

Section Four Research on Evaluation Indicators of School Running Conditions

One, design of the evaluation framework for the conditions for running a school

Two, research on the evaluation indicators of basic school conditions

Three, research on the evaluation indicators of education informationization

Chapter Six Establishment of Evaluation Index System for County Education Modernization

Section One Preliminary Design of Evaluation Index System for County Education Modernization

One, preliminary design of the evaluation index system for county education modernization

Two, the education background in the county education modernization evaluation index system

Section Two scientific verification of county education modernization evaluation index system

One, preliminary determination of the evaluation index system for county education modernization

Catalog

　　Two, the determination of the weight of the county education modernization evaluation index system

　　Three, the final determination of the county education modernization index system

　　Section Three research advantages, innovations and deficiencies

　　One, Advantages of the evaluation index system for county education modernization

　　Two, research innovations and deficiencies

References

Book

Journal

Postscript

后 记

本书是由本人的博士论文修改而成。书稿的完成首先要感谢我的博士生导师褚宏启教授的悉心指导。从论文的选题、研究设计、框架结构、修改完善都倾注了先生的一片心血。一般来说，研究主要涉及两个问题：做什么和怎么做。"做什么"是选题的问题，"怎么做"是研究设计的问题。针对选题，褚先生认为，"做重要的事才能成为重要的人，研究重要的问题才能成为重要的研究者"。那么，当前重要的教育问题是什么呢？我们认为是教育现代化本质的评价问题。具体而言，之所以研究这一问题是基于以下几点考虑：第一，政策实践化的需要。众所周知，《国家中长期教育改革和发展规划纲要（2010—2020年）》提出教育发展战略是"基本实现教育现代化，基本形成学习型社会，进入人力资源强国"。那么，衡量教育是否实现现代化的工具和目标是什么呢？因此，需要设计一套指标体系用以衡量教育是否现代化，需要设定一定的目标用以衡量教育现代化的实现程度。可以说，教育现代化是比较前沿的问题，指标体系的设计是紧扣当前教育改革的实际和教育政策的热点，具有很强的现实意义。

第二，从研究基础来说，在理论方面，褚先生在这方面做了

后　记

扎实的理论研究，为概念和理论的进一步操作化奠定了扎实的基础。国家和地方出台了一些教育现代化指标体系，但现有的指标体系存在这样那样的问题，无法充分反映教育现代化的本质。为此需要设计一套能真正充分反映教育现代化本质的教育现代化评价指标体系。

第三，从研究兴趣来看，本人一直关注中观和宏观层面的研究，特别是县域层面的研究。硕士论文研究的是"政府间转移支付对县级教育支出的影响"，是一个很小的问题，而教育现代化是一个比较宏观的问题。研究之初，我一直担心，对宏观的大问题掌控不了，把握不住。清朝学者陈澹然提出"不谋万世者，不足谋一时；不谋全局者，不足谋一域"。所谓"万世与一时"，就是要处理好眼前和长远、短期和长期的关系；所谓"全局与一域"，就是要处理好宏观和微观、整体和部分的关系。教育转移支付可能是"一域"，而教育现代化则是"全局"。论文写下来，感觉收获很大，对相关的教育政策、对整个教育发展从宏观角度上鸟瞰，有一种"一览众山小"的感觉。另外，该研究与硕士阶段的研究是一脉相承的，都是研究县域层面的问题，一个是县级教育支出，一个是县域教育现代化的问题。

第四，从研究条件来看，本人所在项目团队承担了一项"区域教育现代化指标体系开发与实践推进"的课题，为本书访谈的顺利开展和数据的收集提供了便利条件。同时，本书也是课题的前期研究结果。或许这就是研究和实践的关系问题。实践是研究的来源，研究是为实践服务的，要把研究和实践巧妙地结合起来，研究教育教学实践，反过来，在实践中检验研究的真伪。这也是褚先生一直强调的"研究是做出来的，要做中学"。

针对研究设计问题，就我个人的情况而言，高中时读理科，读的书比较少，理论层面的素养亟须提高，可以说学理性的研究是我的短板。硕士就读教育经济学专业，在定量研究方面积累了一定的特长，因此我的比较优势在定量研究，不在理论性的规范研究。到底怎么来研究教育现代化呢？这涉及一个"扬长避短"还是"取长补短"的问题。褚先生对这一问题的建议是"跨越数据限制，不做工具主义，要做有思想性的研究"。关于教育研究的范式，需要澄清的一个误区是"有数据分析的研究才是好研究"。实证研究不是数据的堆砌，不是工具主义。好的实证研究应该是一个有趣的故事，是提出一个假设并通过严谨的方法进行验证，并对结果进行有说服力的解释，同时分析可能的影响结果的所有因素并做排除，以此来强化研究结果的稳健性。

在具体的写作过程中，我的写作思路是首先构建论文框架，全面看材料，看到相关部分就放进去，但这样写作进度较慢。此时先生说："要改变写作策略。首先要保证论文要件不能少，论文是一个完整的、连贯的成品，而不能缺少某部分。从现在开始从第一个字开始写，逻辑上走得通就行。不要想着追求完美，写论文本身就是一个遗憾的过程。"按照先生的指导，写作果然顺畅很多。在写出初稿后，先生对论文进行了通读，针对初稿中相关材料的堆砌，"论"的不够的问题，指出"研究就是核心概念不断细化、深化的过程。要以问题为中心，任何一部分都是要面对问题的，不管是理论问题、实践问题还是测量问题。论文的写作不是平铺直叙，共识的问题可以一带而过，有争议的问题才是研究的重点"。这时我才意识到，教育现代化指标的设计是一个充满探索、创造和建设的实践过程。只有不断与教育教学实践对

后　记

接，对教育现代化推进过程中的经验进行系统总结，对存在的问题进行建设性反思，才能充分发挥指标体系的作用。

需要强调的是，论文写作的过程也是我个人不断现代化的过程，慢慢地不只关注纯计量的研究，开始关注人的灵魂，关注人的需要，关注人的自由，关注人的发展。写作的收获主要有两个：一是脱胎换骨的感觉，二是无所畏惧的勇气。我不想做一个改变世界的人，只想做一个不被世界改变的人。如果这也做不到，我只好选择适应变革又不自我否定，在获得自主权的同时而又兼顾他人的自由和发展。通过写作，我获得了知识技能的提升、思维方式的转变、情感态度价值观的培育，实现了成长、蜕变。感谢先生将我领进了教育现代化的大门，并促进了我个人的现代化。

除了导师，论文的顺利完成离不开各位专家的支持和帮助。论文开题过程中，程凤春教授、张东娇教授和胡咏梅教授对核心概念、研究问题、论文框架、研究方法等方面的意见和建议为论文的顺利完成提供有益的指导。感谢首都师范大学教育学院的孟繁华教授，北京科技大学教育经济与管理研究所的曲绍卫教授，北京师范大学教育学部的苏君阳教授、胡咏梅教授、袁桂林教授、侯龙龙副教授、成刚副教授、郑磊副教授、周金燕副教授，北京教科院教育发展研究中心的桑锦龙研究员、李政副研究员、高兵副研究员、雷虹副研究员，山西垣曲县的10位中小学校长等专家学者和学校管理者在数据收集过程提供的支持，为德尔菲法的顺利实施提供了有力保障。感谢福建晋江市教育局在访谈中提供的便利。论文预答辩过程中苏君阳教授、朱志勇教授和薛二勇教授提出的宝贵意见和建议对后期论文的修改、完善具有重要作用。感谢三位匿名评审专家对论文的肯定和修改建议。

　　华中师范大学教育学院的杨汉麟教授十多年来的关怀、指导让我受益匪浅。北京师范大学教育学部教育经济研究所的侯龙龙副教授十年来用积极心理学对我的鼓励、欣赏让我找回自信，可以说是我的"心灵导师"。图书的顺利出版要特别感谢中国社会科学出版社的陈肖静老师在图书出版过程中的鼎力帮助和大力支持。

　　最后，我要感谢我的家人在背后默默为我付出三十年，父母的养育之恩，姐姐一家弟弟一家对我的关心是支撑我的坚强后盾，是你们让我无所畏惧，一往直前！

　　需要指出的是，从决定从事科研工作开始，我对自己的定位是"要成为有良知的学者"。所谓"有良知的学者"主要体现在"有定力、有担当、有思想"。所谓"有定力"，也就是要做到"板凳要坐十年冷，文章不写一句空"。有深远的目光和卓越的见解，要沉住气，厚积薄发。不要为了拿奖、评职称而去发一些自己都不看的论文，不造垃圾，要做有价值有思想的好研究。所谓"有担当"，是指写的东西要言之有物，"文以载道"，要有担当，有社会责任，"铁肩担道义，妙手著文章"。所谓"有思想"，是指要有真才实学，"居高声自远，非是藉秋风"。研究要经得住时间的检验，而不是昙花一现，"试玉要烧三日满，辨材须待七年期"。当然，本书只是本人的初步研究成果，由于个人能力、精力有限，其中不当之处在所难免，欢迎各位专家学者批评指正。

朱庆环

初稿于 2015 年 5 月 15 日

修改于 2018 年 8 月 5 日